やさしい 〔第2版〕
不動産登記簿の取り方・読み方

不動産実務研究会 編

税務経理協会

はじめに

　不動産登記簿謄本を見るとさまざまなことが記載されています。

　その謄本の形は古い物では縦型の筆書きの漢数字であったり，最近のように横書きの算用数字になったりしています。

　形はどうであれ，この謄本の中身を理解するには若干の経験と知識が必要になるわけですが，なかなか適当な入門書がないようです。

　本屋さんに行けば確かに不動産関係の書籍はかなり並んでいますが，司法書士受験用，大学教授の論文，登記に関する手続書など，初学者にとっては手ごわいものが多いように思われます。

　本書は，初めて謄本を見る方やこれから登記簿に接する機会が多い方……例えば銀行の融資課に配属になった方，不動産業に就職の内定した方，商社で相手方から不動産担保の提供を受ける方など……を対象に「謄本を見る側」から書いたものです。

　筆者は職業柄，毎日100～300通の謄本を見ているわけですが，手ごろの入門書があったら……という思いから，執筆することにしました。

　なお，本書は平成16年12月に初版を刊行しましたが，その後平成17年3月7日に不動産登記法が改正されましたので，その部分についてはこれを書き直しました。

　また，文中では改正前を旧法，改正後は新法と表記いたします。

　この本が読者のみなさんのお役に少しでも立つことを祈っております。

平成19年4月
不動産実務研究会

目　　次

はじめに

第1章　不動産登記概説

第1節　不動産と登記 …………………………………………1
(1) 土地の台帳 ………………………………………………1
(2) 不動産の商品化 …………………………………………2
(3) 民法との関連 ……………………………………………2
(4) 不動産とは ………………………………………………7

第2節　登　記　簿 …………………………………………10
(1) 登記所──法務局 ………………………………………10
(2) 表題部・甲区・乙区 ……………………………………12

第2章　不動産登記簿謄本を取るには

第1節　調査物件の確定 ……………………………………19
(1) 登記簿上の地番と住居表示 ……………………………19
(2) 物件の確定 ………………………………………………20

第2節　謄本を取る方法 ……………………………………21
(1) 窓口で受け取る方法 ……………………………………22
(2) 郵送で請求する …………………………………………23

- (3) 最寄りのコンピューター化された法務局に持参する ……… 23
- (4) インターネットで取得する …………………………… 25
- (5) 「登記事項要約書」を取る …………………………… 25

第3章　公図・測量図を取る

- 第1節　法17条地図 ……………………………………… 36
- 第2節　地図に準ずる書面（一般的には「公図」という）… 37
- 第3節　地積測量図 ……………………………………… 38
- 第4節　建物図面・各階平面図 ………………………… 39
- 第5節　地図等の閲覧・交付申請の仕方 ……………… 41

第4章　表示に関する登記

- 第1節　表示の登記の位置付けと役割 ………………… 43
- 第2節　土地の表示の登記 ……………………………… 44
- 第3節　建物の表示の登記 ……………………………… 46
  - (1) 建物の所在 ………………………………………… 46
  - (2) 家屋番号 …………………………………………… 47
  - (3) 建物の種類 ………………………………………… 48
  - (4) 建物の構造 ………………………………………… 48
  - (5) 建物の床面積 ……………………………………… 49
  - (6) マンションの登記簿 ……………………………… 50
  - (7) 敷地権 ……………………………………………… 56
  - (8) 新築マンション …………………………………… 57

目　次

第5章　所有権に関する事項

第1節　所有権の原始取得者 …………………………………59
第2節　保 存 登 記 ……………………………………………60
　（1）　適格要件——登記のできる人 ………………………60
　（2）　その他の適格者 ………………………………………61
　（3）　区分所有建物の場合 …………………………………62
　（4）　職権による登記 ………………………………………62
第3節　所有権の移転の登記 …………………………………62
　（1）　所有権の取得原因 ……………………………………62
　（2）　持分の移転 ……………………………………………64
　（3）　真正な登記名義の回復 ………………………………65
　（4）　相続の登記 ……………………………………………65
第4節　所有権の更正の登記 …………………………………68
第5節　買戻し権に関する登記 ………………………………69
　（1）　売 買 代 金 ……………………………………………70
　（2）　契約の費用 ……………………………………………70
　（3）　買戻し期間（民法第580条）…………………………70
第6節　信託の登記 ……………………………………………71
　（1）　信託登記の申請人 ……………………………………71
　（2）　受託者の更迭と任務終了 ……………………………71

第6章　用益権に関する登記
　　　（所有権以外の登記事項その1）

第1節　地 上 権 ………………………………………………73

- (1) 地上権の特徴 …………………………………………74
- (2) 地上権の三つのタイプ ………………………………74
- (3) どんなときに利用されるか …………………………75
- (4) 区分地上権 ……………………………………………75

第2節 賃借権 …………………………………………………77

第3節 永小作権 ………………………………………………77
- (1) 永小作権の設定 ………………………………………77
- (2) 永小作権の移転 ………………………………………78

第4節 地役権 …………………………………………………79
- (1) 地役権の特徴 …………………………………………80
- (2) その他の地役権 ………………………………………81

第5節 採石権 …………………………………………………82

第7章 担保権（所有権以外の登記事項その2）

第1節 先取特権 ………………………………………………83
- (1) 一般の先取特権・特別の先取特権 …………………83
- (2) 不動産の先取特権 ……………………………………84

第2節 質権 ……………………………………………………85
- (1) 「質権」と「抵当権」 ………………………………85
- (2) 不動産質権 ……………………………………………86
- (3) 質権の記載事項 ………………………………………86

第3節 抵当権 …………………………………………………87
- (1) 抵当権の概要 …………………………………………87
- (2) 抵当権の目的物 ………………………………………88
- (3) 被担保債権 ……………………………………………89

目　次

　　(4)　同順位の抵当権……………………………………………89
　　(5)　登記記載事項………………………………………………90
　　(6)　共同抵当権…………………………………………………91
　　(7)　抵当権の変更と更正………………………………………92
　　(8)　抵当権の処分………………………………………………93
　第4節　根 抵 当 権………………………………………………95
　　(1)　根抵当権の概要……………………………………………95
　　(2)　登 記 事 項…………………………………………………95
　　(3)　共同根抵当権………………………………………………97
　　(4)　抵当権の変更と更正………………………………………98
　　(5)　根抵当権の譲渡……………………………………………99
　　(6)　相続の場合の合意の登記…………………………………100
　　(7)　元本の確定…………………………………………………101

第8章　こんなときどうする？

　第1節　登記済権利証を紛失した…………………………………103
　　(1)　「保証書制度」とは………………………………………104
　　(2)　確　認　書…………………………………………………105
　　(3)　新法ではどうなるのか……………………………………107
　第2節　「借地借家権」とは何か…………………………………108
　　(1)　借地借家法…………………………………………………108
　　(2)　借地権の種類………………………………………………109
　　(3)　新しい借地権の内容………………………………………109
　第3節　「仮登記」とは何か………………………………………115
　　(1)　一号仮登記…………………………………………………116

5

(2)　二号仮登記……………………………………………117
　　(3)　登記簿上どうなるのか………………………………117
第4節　「仮差押え」とは何か……………………………119
　　(1)　仮　差　押　え………………………………………120
　　(2)　仮差押えの意義………………………………………120
第5節　「予告登記」とは何か……………………………122
第6節　「仮換地」とは何か………………………………123
　　(1)　土地区画整理法とは何か……………………………123
　　(2)　土地区画整理事業とは何か…………………………123
　　(3)　区画整理事業の流れ…………………………………125
　　(4)　換地処分の効果………………………………………128

| 追補 | **不動産登記法の改正について** ……………………129

第1章

不動産登記概説

第1節　不動産と登記

(1)　土地の台帳

　不動産登記法は明治32年2月24日に施行され，その後幾度かの改正を経て現在の形になったわけですが，そもそもわが国における登記の目的は，「売買」とか「抵当権設定」等の目的とは異なり，年貢徴収のための「台帳」であったのです。

土地の台帳制度

←地検表

徳川幕府では各藩を大名が統治し，この下で農民から年貢を取り立てる役割を担うのが，「名主」や「庄屋」であり，各農家からどれほどの年貢を納めさせるかというものが「地検帳」です。

これは村ごとに2部作成され，1部は「領主」もう1部が「名主」・「庄屋」に保管されており，登記簿の原型であったわけですが，目的も形も現在の登記簿とは程遠いものであり，徴税台帳としての役割が主体でした。

(2) 不動産の商品化

ところが第二次世界大戦後の農地改革とその後の不動産の「商品化」の進展に伴い，不動産取引の安全確保のための「公証制度」としての意義が強調されるようになりました。

したがって，現在の登記の目的は「当該の不動産に対して利害関係のある人に公開することにより，取引の安全と円滑化を図り，併せて当該不動産について権利を有する人の保護を図るための制度」ということができます。

つまり，実体的な権利関係が「登記」という形で具現化されているということなのです。

(3) 民法との関連

では，どんなときに登記が必要になるかというと「物権変動」であり，民法第177条では「不動産に関する 物権 の得喪及び変更は登記をしなければ 第三者に対抗することができない 」とされています。以下にさまざまな条文が出てきますが，不動産の登記は民法と密接不可分な関係にあるということがわかると思います。

第1章　不動産登記概説

①　物権と債権

「物権」とは物の上の権利，言い換えれば「物を直接的に支配し，使用収益することのできる，排他的な権利」ということになります。

したがって，権利者は他人の介在なくして自由にその権利を主張し，利用し，収益を上げたり，処分することができます。

他方，「債権」は権利者（債権者）と義務者（債務者）という利害の対立する者がいて，決して単独では権利を行使できないものなのです。

つまり権利者が目的を達しようとするには義務者の行為や協力がなければ成就しないということで物権と大きく異なります。

②　民法第177条（不動産物権変動の対抗要件－登記）

「不動産に関する物権の得喪及び変更は，不動産登記法その他の登記に関する法律の定めるところに従いその登記をしなければ，第三者に対抗することができない」

③　物権変動の要件

物権が変動する……権利者の変更・権利そのものの発生・消滅などは，「意思表示」によってのみその効力が発生します（民法第176条）。

つまり物権変動が成立するには，

①　相手側に物権変動の意思があるかないか……本当に売る気があるのかどうかということ。

②　物権変動の意思表示をする権限能力の有無……土地の所有者本人なのか，未成年者ではないのか，代理人として正式な代理権限を有するか。

などが問われます。これらが覆ると，物権変動は成立せず後日のトラブルの原因ともなりかねません。

④　第三者対抗要件

「登記をしないと第三者に対抗できない」といわれますが，これは次のようなことです。

例えばAさんが土地の所有者Bさんから150m²の土地を取得するための売買契約を30百万円で結んだとします。Aさんとの契約をした翌日，Bさんの自宅に昨日Aさんと取引した150m²の土地を35百万円で購入したいという電話がCさんから入ってきました。

　Bさんはたった1日で5百万円を儲け損なってはいけないと早速Cさんと売買契約を結びました（いわゆる二重売買の例）。

　この場合AさんもCさんもともに登記していなければ相互に自己の所有権を主張できないのです。すなわち，登記をしなければ，すでに発生した物権変動（この場合は売買契約）を第三者に主張することはできないのです。

　もちろん取引自体が適法になされていた場合においては，登記日付の早い方が，同じ日であれば受付番号の若い方が優先されます。

　このように登記をした結果が，物権変動の結果を第三者に主張しうることを「登記の第三者対抗力」といいます。

⑤ 登記できるもの

> **不動産登記法第3条**（登記することができる権利等）
> 「登記は不動産の表示又は**不動産についての次に掲げる権利**の保存等についてする」

次に上記の法にある「不動産についての権利」それぞれの項目をもう少し詳しく見てみましょう。

1．所有権

　　不動産や動産を所有する権利。直接的かつ全面的に支配する物権。目的物を法令の範囲内で自由に使用・収益・処分することができます。

　　所有の形態は単独の場合も複数の場合も可能です。例えば兄弟3人で一棟の別荘を購入した場合は，持分3分の1として登記することができます。

　　当然登記しなければ第三者に対抗することはできません。

2．地上権

　　工作物・竹木を所有するために他人の土地を利用する物権。賃料は無料でもよく，地主の承諾を得ずして権利を譲渡することができます。

　　工作物とは，建物・道路・鉄道・高架線・地下鉄など空中，地上，地下の設備をいいます。

3．永小作権

　　耕作地の賃料（小作料）を支払って，他人の土地で耕作や牧畜をする権利。現在ではほとんど利用されることはありません。

4．地役権

　自分の土地を利用するために（この土地を要役地といいます）他人の土地（こちらは承役地といいます）を利用することができる権利です。袋地の土地を所有している人が公道に出るために他人の土地を通行する場合，電気の高圧線を通す場合，窓からの景観を確保するために近所の家を低いものにしてもらう場合などがこれにあたります。

5．先取特権

　不動産の保存に要した費用や建物の工事代金，不動産の売買代金を保全するための権利です。

6．質権

　物件の所有者から債権の担保として物の引渡しを受けて，これを弁済までの間，使用収益できる物権です。

　もし弁済されなければ，その物の価値から優先的に弁済が受けられます。ただし原則として債権利息を請求できないことからほとんど利用されず，抵当権・根抵当権が使用されるのが実態です。

7．抵当権

　金銭債権・売買代金などの担保の目的で設定される物権です。いわゆる担保権。

　担保物件は所有者（担保設定義務者）が自由に使用収益することができ，抵当権者（債権者）は担保設定額に見合った交換価値を受領できます。抵当権は特定した一つの債権にのみ効力が及びますが，根抵当権は不特定多数の債権を極度額までカバーされるので，資金調達手段として多く用いられています。

　例えば住宅ローンは抵当権ですし，企業であれば極度額1億円までは運転資金にも，決算資金にも使える根抵当権を設定するわけです。

8．賃借権

賃料を払って土地や建物を借りて使用収益を目的とした債権です。しかしながら賃借権は登記されないことが多く，争いの原因となるケースが多いのです。

例えば工場経営をしているＡさんが，ＢさんからＢさん保有の隣地を賃借し資材置き場として利用していたとします。Ｂさんが何らかの事情により賃借していた土地を売却してしまうと，Ａさんはもはや隣地を利用することができなくなってしまうのです。

9．採石権

他人の土地から砂利や岩石を採取できる権利（物権）です。

10．買戻し権（第96条）

不動産の売主が売買契約と同時に買戻しの特約をした場合は，買主が支払った代金と契約の費用を返還して，不動産の所有権を取り戻す特約をした場合にその不動産を買い戻す権利のことをいいます。

11．処分の制限の登記など（第105条ほか）

上記の各権利を目的とする差押え・仮差押え・仮処分・破産などの登記です。

(4) 不動産とは

では前述の「不動産」とは何かというと「土地及びその定着物は，不動産とする」（民法第86条第1項）と定められています。

具体的には「土地」は日本の領土を人為的に区分した一定の範囲のものですが，その土地を保有している者の権利は地表だけでなく管理可能な地上および地下にも及びます。

つまり，他人が勝手にその土地を通行したり，その土地の地下に地下鉄

や地下道を作ったり，さらには空中に電線や電話線を張り巡らしたりすることはできないのです。

また，「定着物」とはその土地に定着していることが「常態」であるものをいい，建物・門・塀・垣根・庭石がこれにあたります。

建物は「屋根及び周壁又はこれに類するものを有し，土地に定着した建造物であって，その目的とする用途に供し得る状態にあるもの」をいいます。

例えば，居宅・工場・共同住宅・ビル等がこれにあたります。

しかしながら，庭先に作った倉庫や物置は建物といえるのでしょうか，また登記することができるのでしょうか。

答えは「どちらとも言えない」ということになります。すなわち土地に定着しているかどうか，壁を有しているか等，個々の構造によって登記できるものとそうでないものが分かれるのです。また，その建物の経済的価値や取引性にも着目する必要があります。

あれは登記できそうもないなー

以下に建築基準法上の定義について記載しておきます。

> **建築基準法上の定義**（第2条……用語の定義）
>
> **建　築　物**（建築基準法第2条第1号）
>
> 　土地に定着する工作物のうち，屋根及び柱若しくは壁を有するもの（これに類する構造のものを含む。），これに附属する門若しくは塀，観覧のための工作物又は地下若しくは高架の工作物内に設ける事務所，店舗，興行場，倉庫その他これらに類する施設（鉄道及び軌道の線路敷地内の運転保安に関する施設並びに跨線橋，プラットホームの上家，貯蔵槽その他これらに類する施設を除く。）をいい，建築設備を含むものとする。
>
> **特殊建築物**（同第2号）
>
> 　学校（専修学校及び各種学校を含む。以下同様とする。），体育館，病院，劇場，観覧場，集会場，展示場，百貨店，市場，ダンスホール，遊技場，公衆浴場，旅館，共同住宅，寄宿舎，下宿，工場，倉庫，自動車車庫，危険物の貯蔵場，と畜場，火葬場，汚物処理場その他これらに類する用途に供する建築物をいう。
>
> **建　築　設　備**（同第3号）
>
> 　建築物に設ける電気，ガス，給水，排水，換気，暖房，冷房，消火，排煙若しくは汚物処理の設備又は煙突，昇降機若しくは避雷針をいう。
>
> **居　　　室**（同第4号）
>
> 　居住，執務，作業，集会，娯楽その他これらに類する目的のために継続的に使用する室をいう。

以上で登記についての外観がおわかりいただけたと思いますが，次に登記簿について具体的に見てみましょう。

第2節　登　記　簿

　この節では登記簿の概要について説明し，詳しい解説は第4章に記載します。また，登記法の改正により手続等が変わりましたので，その個所はその都度ご説明します。

(1)　登記所──法務局

　「登記所」というのは実際にはなく，俗称です。登記所と呼んでいるのは正確には「法務局」で，法務省の下部組織として全国に8ヶ所あり，その下に地方法務局，支所，出張所があります。

　先に述べたとおり，登記制度は不動産に関する権利関係を，「登記簿」という国家が管理する帳簿に記載し，利害関係人にこれを公開するものですが，この登記に関する事務を取り扱い，登記簿その他の帳簿や図面を管理するところが法務局です。

　また，不動産に関する登記事務だけでなく，法人に関する登記事務（設立・変更登記等），家賃や不動産業者の営業保証金の供託事務，人権の擁護に関する事務なども行っています。

　法務局の管轄地域は法律により定められていて，これは一つの区や市であることもありますが，数個の市町村をまとめて一個の管轄地域としている場合もあります。

　登記の受付や閲覧は1ヶ所でしか受け付けられません。これはそれぞれの管轄地域が決まっているからで，登記が2ヶ所にまたがると登記簿が2通作成されてしまうからです。例えば松戸市と柏市にまたがる土地はどちらかの法務局にしか登記されていません（これを「一不動産一登記主義」といいます）。

　登記済権利証の最終ページには所轄する法務局が朱記されていますし，

謄本を取ると，最終行に記載されていますので確認してください。

したがって物権変動があったときはその法務局で登記することになります。ただし，一部の法務局では「登記情報交換システム」の制度を利用して，最寄りの法務局から他の管轄区域の不動産の「登記事項証明書」（登記簿謄本に代わる証明書）を取り寄せることもできます。

法務局はコンピューター化の進展により次のようになっています。

登記所の種類	登記事務	登記記録・登記用紙
オンライン（指定）庁	コンピューター	登記記録
コンピューター庁		表題部
		権利部（甲区・乙区）
ブック庁	紙の記録簿	登記用紙
		表題部・甲区・乙区

オンライン指定庁とは「オンライン登記申請」ができる法務局で現在どんどん増加しています。

「オンライン申請」とは登記所に出向かなくても，申請者又は代理人（具体的には司法書士）事務所から登記ができる法務局です。

コンピューター庁とは登記事務を紙ベースからコンピューターに変換した法務局です。

ブック庁とはいままでの法務局のことで，バインダーに紙ベースで登記事項が記載されている法務局です。

旧法では，登記簿は表示に関する登記としての「表題部」と権利に関する登記としての「甲区」（所有権に関する登記），乙区（所有権以外の権利に関する登記）に分かれていました。

新法では，表題部と権利部に分けられ，「表題部」は表示に関する登記記録が，「権利部」には権利に関する登記記録が記載されることになりま

した。(新法2条7号・8号・12条)

　今後は全ての法務局がオンライン指定庁になるわけですが，これによりまず「権利証」がなくなります。

　従来，登記済証(権利書)はそれを所持している人が不動産の所有者であることを証明するモノとして使われてきましたが，オンラインによる登記が可能となりますので，モノとしての権利書は発行されず，代わりに「登記識別情報」という12桁の英数字からなる符号が交付されます。

　では，今手元にある権利書はどうなるかといいますと，この権利書による登記がなされるまで，効力は何も変わりません。また，オンライン指定庁になっても，オンライン申請しか受け付けないのではなく，窓口での申請も受け付けてもらえます。

(2) 表題部・甲区・乙区

　登記簿は「土地登記簿」と「建物登記簿」の2種類に分かれます。不動産登記簿に編綴されている登記用紙は土地一筆ごとにあるいは建物一個ごとに一組の登記用紙が備えられ，一組の登記用紙は，原則3枚で構成されています。

　「表題部」とは土地または建物の表示に関する事項が記載されています。いわばどんな「顔」なのかが書いてあるわけです。土地の場合は所在・地番・地目(土地の用途による分類。宅地・田・山林など)・面積が記載されています。

　建物の場合は所在(どの地番の土地の上に建物が建っているか)，家屋番号(建物を特定するためにつけられた固有の番号。原則として土地の地番またはこれに枝番をつけた番号となります)，種類(建物の主たる用途による分類。居宅・事務所・倉庫・遊技場など)，構造(建物の主たる部分を構成している材料，屋根の種類，階層)，床面積(全体の面積ではなく各階層ごとの面積)が記載されます。

2枚目の「甲区」には所有権に関する事項が記載されています。すなわちその土地や建物が誰のものなのか，どんな理由で権利移動が発生したのかなどです。所有権の登記・所有権の仮登記・買戻し権に関する登記・差押えなどの所有権に関する制限に関する登記などがこれにあたります。

3枚目の「乙区」(新法では権利部・乙区)には所有権以外の権利に関する事項が記載されています。地上権や地役権などの用益物権，抵当権・根抵当権などの担保物権，債権である賃借権に関する登記などが記載されます。

登記簿は登記事由が生ずるごとに順次追記されていきます。所有者が何度も変わったり，抵当権が何件もついたりするとかなり分厚い謄本になります。

次に簡単な登記簿の雛形を掲示してありますので参考にしてください。

所在		表　題　部　(土地の表示)				枚数
中央区××町○○丁目	地番	地目	地積 m²	参五番	番	番	1
							2
		宅地					3
							4
							5
							6
				壱参五			7
							8
				四五			9
							10
	原因及びその日付			参番壱より分筆			11
							12
							13
							14
							15
	登記の日付	昭和四五年九月七日		昭和六参年法務省令第参七号附則第弐条第弐項の規定により移記　平成四年七月弐参日			地図番号

3-5

地番 家屋番号		

甲 区 (所有権)		
順位番号	事項欄	
壱	所有権移転 昭和五五年参月九日受付 第壱〇〇参弐号 原因　昭和五□年五月□日 売買 共有者　港区□町壱弐参 　　　　持分弐分の壱 　　　　　　山　田　一　郎 　　　　港区□町壱弐参 　　　　持分弐分の壱 　　　　　　山　田　花　子　　印	
順位番号	事項欄	

3—5　　地番　家屋番号

順位番号	事　項　欄
乙　　区　（所有権以外の権利）	
壱	抵当権設定 昭和五五年△月△日受付 第壱弐五六六号 原因　昭和五□年□月○日 金銭消費貸借の昭和五□年□月○日設定契約 債権額　金壱千五百万円 利率　年九・三％ 損害金　年一四％（端数期間については年参六五日日割計算） 連帯債務者 　　港区□町壱弐参 　　　　山田　一郎 　　港区□町壱弐参 　　　　山田　花子
順位番号	事　項　欄
	抵当権者　港区○町 壱四七番地 株式会社○○△△銀行 共同担保目録（　）第四四六七号　　　　　印

第1章　不動産登記概説

東京都中央区××町○○丁目3－5				全部事項証明書	（土地）
【表　題　部】（土地の表示）				地図番号	余白
【所在】　中央区××町○○丁目				余白	
【①地番】	【②地目】	【地積】	㎡	【原因及びその日付】	【登記の日付】
3番5	宅地	135	45	3番1より分筆	
余白	余白	余白		余白	昭和63年法務省令第37号附則第2条第2項の規定により移記　平成4年7月23日

【甲　区】（所有権に関する事項）				
【順位番号】	【登記の目的】	【受付年月日・受付番号】	【原　　因】	【権利者その他の事項】
1	所有権移転	昭和55年3月9日　第10032号	昭和5□年5月□日　売買	共有者　港区□町123番地　持分2分の1　山田一郎　港区□町123番地　持分2分の1　山田花子

【乙　区】（所有権以外の事項）				
【順位番号】	【登記の目的】	【受付年月日・受付番号】	【原　　因】	【権利者その他の事項】
1	抵当権設定	昭和55年△月△日　第12566号	昭和5□年□月○日　金銭消費貸借　昭和5□年□月○日　設定	債権額　金1,500万円　利　息　年9.3％　損害金　年14％　債務者　港区□町123番地　山田一郎　抵当権者　港区○町147番地　㈱○○△△銀行

17

第2章

不動産登記簿謄本を取るには

　前章の見本をご覧になって「縦書き」と「横書き」があることにお気づきになったと思いますが，「縦書き」が古い形の謄本で，「横書き」がコンピューター化された謄本です。

　本章ではこのような謄本の取り方・登記事項証明書の取り方等について述べたいと思います。

第1節　調査物件の確定

(1)　登記簿上の地番と住居表示

　通常，住所というと郵便番号とともに1丁目3番地5号と書きます。しかし，謄本上の地番は住居表示とは異なり，土地につけられた地番と建物につけられた建物番号によって構成されています。

　土地の地番とは，人為的に一区画ごとにつけられた番号ですから，同じ番号の地番はありません。どんな小さな区画であっても地番がつけられています（不動産登記法第79条）。

　住居表示には同じ番号に数軒の家があることがありますが，地番とはここが違うのです。建物が建っていない土地には住居表示がありません。

　また，建物には一棟ごとに建物番号がついています。

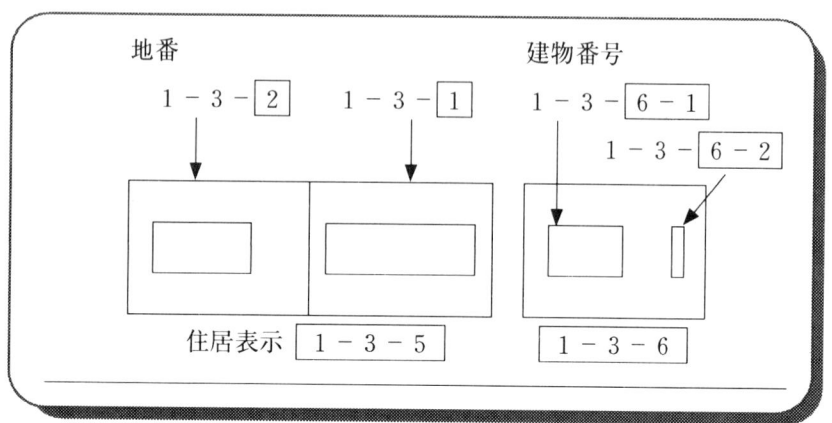

(2) 物件の確定

　さて、謄本を取る前にしておかなければならないのが、調査する物件の確定です。次の節に法務局の申請書を載せてありますが、先ほどの地番を正確に書かないと何も出てきません。「この辺の○○m²の土地と建物です」では、特定できないのです。

　最も正確なのは登記済証（権利証）から転記することです。権利証には登記に表示されているそのままの所在地・地番・地積・床面積・家屋番号が記載されています。

　権利証を見る機会がなければ、都税事務所や固定資産税課でその物件の「固定資産税評価証明」を取ればわかります。やや不正確ですが、住居表示と地番を重ねた地図が発行されていますのでこれで調べることもできます。

　大変恐ろしいことですが、債務者から聞いて担保設定者はずっとその土地だと思っていた土地が実際は隣の土地で、その土地にはアパートが建てられていたなどということが起こるのです。

第2章　不動産登記簿謄本を取るには

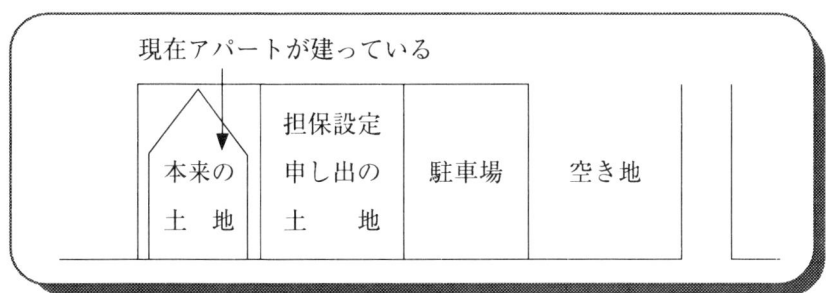

　また，新興住宅地などでは，家並みが揃っているために家屋番号をしっかり確認しておかないと，別物件を調査してしまうなどということが起こりかねません。

第2節　謄本を取る方法

　従来は謄本を取るためには法務局の窓口で申請し，そこで受け取るという方法が大半でしたが，コンピューター化の進展によりいくつかの方法により取得することができるようになりました。

それは法務局自体が紙ベースの書類から，電磁的記録に変換されつつあることと，請求側のコンピューター化が一般化されたことの相乗効果ということができます。

(1) 窓口で受け取る方法

法務局には不動産用登記事項証明書　登記簿謄本・抄本交付申請書が備え付けられています(登記事項証明書とはコンピューター化された法務局が発行する従来の謄本・抄本に代わる書類のことです)。

この用紙に必要事項を記入し窓口に請求すれば，謄本（全部）や抄本（現に効力を有する部分）を取得することができます。

手数料は一通につき1,000円で，一通の枚数が10枚を超える場合には以後5枚ごとに200円が加算されます。なお，手数料は現金で支払うのではなく登記印紙を添付します。登記印紙は法務局の印紙売りさばき所で売っていますが収入印紙と異なりますので，注意してください。

謄本を受け取った際は，請求した事項と現物が合っているかをその場で確認してください。請求したものと別の謄本が出てきたり，請求した謄本だけでは足りないということが起こるからです。

例えば，公図（これは後で説明します）と照合すると，道路との境にもう一筆あったり，進入道路に持分があったりするのです。

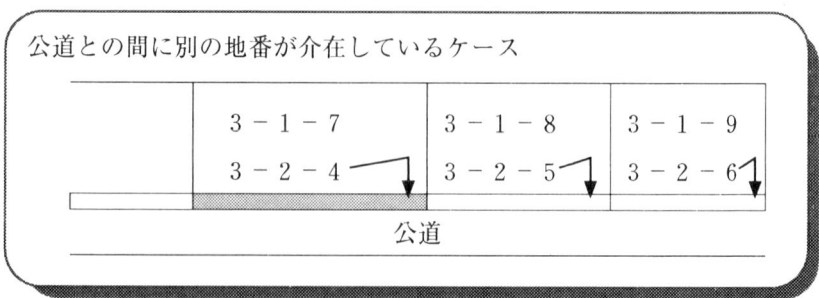

第2章 不動産登記簿謄本を取るには

```
進入路に持分があるケース（Eの土地にはeの私道持分がある）

         |    A       |    B    |   |
         |------------|---------|   |
         | e  私道 | d | f       | C |
  公道   |---------|---|---------|---|
         | b  私道 | c | a       |   |
         |------------|---------| D |
         |    F       |    E    |   |
```

(2) 郵送で請求する

　法務局が遠方である場合などは，前述の申請書を法務局に郵送して取得することもできます。この場合は返信用封筒に切手を貼って同封してください。

(3) 最寄りのコンピューター化された法務局に持参する

　請求したい謄本等を所轄する法務局がコンピューター化されている場合は最寄りのコンピューター化された法務局に持参すると取得することができます。

　この制度は「登記情報交換制度」と言い，登記情報を紙ベースから電磁的記録に変換した法務局を「コンピューター庁」といいます。

　この場合，請求したい謄本等を管轄する法務局や最寄の法務局がコンピューター庁かそうでない従来の法務局（ブック庁といいます）かは，法務局ホームページで検索するか最寄りの法務局へ電話により照会してください。法務局のホームページは（http://houmukyoku.moj.go.jp/homu/static/）です。

(4) インターネットで取得する

　オンライン化された法務局（コンピューター庁）では手数料を納付して登記事項証明書（ブック庁における謄本抄本に代わるもの）を取得することができます。オンラインで請求した登記事項証明書は，法務局から郵送されますが返送のための郵送料は一通1,000円の手数料に含まれています。

　詳しい手続は法務省オンライン申請システムのホームページにアクセスしてください。　http://shinsei. Moj.go.jp/

(5) 「登記事項要約書」を取る

　法務局には従来「閲覧」という制度があり，これは書面による交付ではなく申請者が法務局に備え付けてある謄本の原簿を見る又は転記するというものです。

　法務局がオンライン化されることにより，原簿は電子化されてしまいますのでこの制度に代わるものとして登記事項要約書が制定されました。

　インターネットで要約書を取得するには財団法人民事法務協会への登録申し込みが必要です。協会からＩＤ番号とパスワードを取得して初めてアクセスすることができます。

　なお，パソコンの対応機種や登録方法の詳細については協会のホームページに搭載されていますので参照してください。

　登記要約書は法務局の窓口でも取得することができます。手数料は500円で枚数が5枚を超える場合は以後5枚ごとに100円加算されます。すなわち，謄本・抄本の半額です。

　法務局に備え付けてある書式は34ページのとおりです。

財団法人　民事法務協会のアドレス
http：//www1.Touki.or.jp/
電話　03－5297－3751

＜インターネットシステムの概要＞

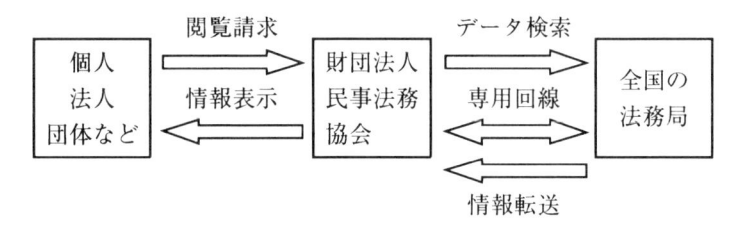

| 個人
法人
団体など | ←閲覧請求→
←情報表示← | 財団法人
民事法務
協会 | ←データ検索→
←専用回線→
←情報転送← | 全国の
法務局 |

＜利用時間と料金は以下のとおりです＞

利用時間	午前8時30分～午後7時まで			
料金	区分	登録費用	利用料金	支払い方法
	個人	300円	全部事項980円	クレジットカード
	法人	740円	所有権者事項470円	口座自動引き落とし

　ただし，現在登記簿の閲覧ができる法務局は限られています。次第に全国の閲覧が可能となります。なお，この要約書は郵送での請求はできません。
　では，実際にインターネットで要約書を取るとどのような操作になるかをみてみましょう。
　都道府県名を入力すると次画面に市区町村名を選択する画面が出てきますが，請求したい市区町村名がコンピューター化されていない場合は画面に出てきません。
　請求したものが画面に出てきたらコピーしてください。

しかし，これには日付も登記官の朱印もありません。

したがってこれを公的な資料とすることは難しいということになりますが，遠方の法務局まで出かけずに閲覧できるということは有難いことです。

では，画面に従ってこれを見てみましょう。

① 請求事項入力画面

請求項目の頭の○印をクリックするとその画面が出てきます。

真中の都道府県選択の▼をクリックすると都道府県名が出てきますのでこれをクリックします。次に 請求事項確認へ進む をクリックします（ここでは東京都を選択しました）。

請求事項入力（不動産登記情報）

以下の項目について入力後、「請求事項確認へ進む」ボタンをクリックしてください。

請求情報の種類	：	● 全部事項請求　○ 所有者事項請求
不動産の種別	：	● 土地　○ 建物
所在（建物の場合は地番を除きます。）	：	都道府県選択▼（都道府県名から選択してください。）　　ここ
選択した所在	→	（入力例：「1番23」の場合は、「1－23」と入力）
地番又は家屋番号	：	「土地」の場合は地番を、「建物」の場合は家屋番号（マンションの町名部分は入力不要）を入力してください。
共同担保目録	：	● 不要　○ 要
閉鎖登記簿	：	□（閉鎖登記簿を請求するときはクリックしてください。）

請求事項確認へ進む

地番又は家屋番号が分からないときは
このボタンをクリックしてください。
（但し、住居番号による地番の検索はできません。
また、地番または家屋番号が
全く不明の場合も利用できません。）

▼地番又は家屋番号の一覧表示確認へ進む　　　　　　請求情報受付へ戻る▲

第2章 不動産登記簿謄本を取るには

② 市町村名選択画面

　東京都の市区町村名が出てきますので請求する区をクリックしてください（ここでは港区を選択しました）。

市区町村選択（不動産登記情報）

市区町村名をクリックしてください。

所在：東京都
50音見出し
あ行 か行 さ行 た行 な行 は行 ま行 や行 ら行 わ行 その他

(注)ここに掲示されていない市区町村は、まだ当サービスによって登記情報を提供することができない地域です。

■あ
　足立区　　　荒川区　　　板橋区
　稲城市　　　江戸川区　　大田区
　小笠原村

■か
　葛飾区　　　北区　　　　清瀬市
　国立市　　　江東区　　　小金井市
　国分寺市　　小平市　　　狛江市

■さ
　品川区　　　渋谷区　　　新宿区
　墨田区　　　世田谷区

■た
　台東区　　　田無市　　　多摩市
　中央区　　　調布市　　　千代田区
　豊島区

■な
　中野区　　　西東京市　　練馬区

■は
　八王子市　　東久留米市　東村山市
　日野市　　　府中市　　　文京区
　保谷市

■ま
　町田市　　　港区　　　　目黒区

この画面から選択

請求事項入力へ戻る▲

29

③ 町名・大字選択画面

港区内の町の名前が出てきます（ここでは新橋を選択しました）。

町名・大字選択（不動産登記情報）

町名・大字名をクリックしてください。

所在：東京都港区

50音見出し
あ行 か行 さ行 た行 な行 は行 ま行 や行 ら行 わ行 その他

(注) ここに掲示されていない町名・大字は、まだ当サービスによって登記情報を提供することができない地域です。

■ 選択終了／〔次候補〕(選択を終了する場合又は選択したい地番区域が掲示されていない場合にクリックしてください。)

■あ　　赤坂　　　　　　麻布十番　　　　麻布台
　　　　麻布永坂町　　　麻布狸穴町　　　愛宕
■か
　　　　海岸　　　　　　北青山　　　　　港南
■さ
　　　　芝　　　　　　　芝浦　　　　　　芝公園
　　　　芝大門　　　　　白金　　　　　　白金台
　　　　新橋
■た
　　　　高輪　　　　　　台場　　　　　　虎ノ門
■な
　　　　西麻布　　　　　西新橋
■は
　　　　浜松町　　　　　東麻布　　　　　東新橋
■ま
　　　　三田　　　　　　南青山　　　　　南麻布
　　　　元赤坂　　　　　元麻布
■ら
　　　　六本木

この画面から選択

▲前の画面へ戻る　　　　　　　請求事項入力へ戻る▲

第2章 不動産登記簿謄本を取るには

④ 丁目・小字選択画面

1丁目から5丁目までが出ていますので請求する丁目をクリックしてください。

丁名・小字選択(不動産登記情報)

丁名・字名をクリックしてください。

所在：東京都港区新橋
50音見出し
あ行 か行 さ行 た行 な行 は行 ま行 や行 ら行 わ行 その他

(注)ここに掲示されていない丁名・字は、まだ当サービスによって登記情報を提供することができない地域です。

■ 選択終了／〔次候補〕(選択を終了する場合又は選択したい地番区域が掲示されていない場合にクリックしてください。)
■その他

| 丁目を選択する | 1丁目 | 2丁目 | 3丁目 |
| | 4丁目 | 5丁目 | 6丁目 |

⑤ 請求事項入力画面

選択した所在の欄に港区新橋1丁目まで出力されていますので、1－3－5の残り「3－5」のみ入力します。

請求事項入力(不動産登記情報)

以下の項目について入力後、「請求事項確認へ進む」ボタンをクリックしてください。

請求情報の種類　　：　● 全部事項請求　　○ 所有者事項請求
不動産の種別　　　：　● 土地　○ 建物
所在(建物の場合は
地番を除きます。)　　都道府県選択▼ (都道府県名から選択してください。)
選択した所在　　→東京都港区新橋1丁目　　丁目以下を入力する
　　　　　　　　　[　　　　　] (入力例：「1番23」の場合は、「1－23」と入力)
地番又は家屋番号　：　「土地」の場合は地番を、「建物」の場合は家屋番号(マンションの町名部分は入力不要)を入力してください。
共同担保目録　　　：　● 不要　○ 要
閉鎖登記簿　　　　：　□ (閉鎖登記簿を請求するときはクリックしてください。)

[請求事項確認へ進む]

31

次の画面で受付入力がレビューされますので合っていれば最下部の「請求する」をクリックしてください。しばらくすると，画面に請求事項が出てきます。
　印刷すれば終わりです。
　次に法務局で入手できるさまざまな書類について見てみましょう。

第3章

公図・測量図を取る

　法務局に備え付けられているものには，登記簿だけでなく以下の図面もあります。これらの図面は土地や建物の所在や形状を確認するために重要な役割を果たしています。

　請求用紙は次の通りです。基本的には法務局の窓口に請求しそこで受け取ることになりますが，地図等の写しは郵送でも請求できます（返信封筒と切手は必要です）手数料はこの章の最後をご覧下さい。

不動産用登記事項要約書　交付・閲覧請求書

不動産用　登記事項要約書交付　請求書
　　　　　　閲　　　覧

※太枠の中に記載してください。

窓口に来られた人 （請求人）	住　所					登記印紙欄
	フリガナ					登　　　記
	氏　名					印　　　紙

※地番・家屋番号は、住居表示番号（○番○号）とは違いますので、注意してください。

種　別 （レ印をつける）	郡・市・区又 は不動産番号	町・村	丁目・大字・字	地　番	家屋番号 又は所有者	
1□　土　地						登　　　記
2□　建　物						印　　　紙
3□　土　地						
4□　建　物						登記印紙　登記印紙は割印をしないでここにはってください。
5□　土　地						
6□　建　物						（登記印紙は収入印紙とちがいますので注意してください）
7□　土　地						
8□　建　物						
9□　□財団（□目録付） 　　□船舶 　　□その他						

※該当事項の□にレ印をつけ、所要事項を記載してください。
　□　登記事項要約書
　　　※特定の共有者に関する部分のみを請求するときは、次の項目も記載してください。
　　　□　共有者＿＿＿＿＿＿＿＿＿＿＿＿＿＿＿＿に関する部分
　　　□　マンション名　（＿＿＿＿＿＿＿＿＿＿＿＿＿＿＿）
　□　登記簿の閲覧
　□　閉鎖登記簿の閲覧
　　　□　コンピュータ化に伴う閉鎖登記簿
　　　□　合筆、滅失などによる閉鎖登記簿・記録　（昭和・平成＿＿年＿＿月＿＿日閉鎖）
　□　登記申請書・添付書類の閲覧　（閲覧する申請書の受付年月日・受付番号を記載してください。また、図面以外の添付情報は、利害関係のある方しか閲覧することができませんので請求書に利害関係を記載し、利害関係があることを証する書面の提示が必要となります。）
　　　受付年月日・番号：平成　　年　　月　　日　受付第＿＿＿＿＿＿号
　　　利害関係：＿＿＿＿＿＿＿＿＿＿＿＿＿

交付通数	交付枚数	手数料	受付・交付年月日

第3章　公図・測量図を取る

地図・各種図面用　地図・地積測量図等の閲覧・写し交付請求書

地図・各種図面用　地図　地積測量図等　の　閲覧　写し交付　請求書

※太枠の中に記載してください。

窓口に来られた人（請求人）	住所　　フリガナ　　氏名						登記印紙欄　登記印紙

※地番・家屋番号は、住居表示番号（○番○号）とは違いますので、注意してください。

種別（レ印をつける）	郡・市・区又は不動産番号	町・村	丁目・大字・字	地番	家屋番号	請求通数	
1 □ 土地							登記印紙（登記印紙は収入印紙とちがいますので注意してください）
2 □ 建物							
3 □ 土地							
4 □ 建物							
5 □ 土地							
6 □ 建物							
7 □ 土地							
8 □ 建物							
9 □ 土地							
10 □ 建物							

（どちらかにレ印をつけてください。）
　□ 閲覧　　□ 写し

※該当事項の□にレ印をつけ、所要事項を記載してください。

□ 地図・地図に準ずる図面（公図）（地図番号：＿＿＿＿＿＿＿＿＿＿）
□ 地積測量図・土地所在図
　□ 最新のもの　□昭和・平成＿＿＿年＿＿＿月＿＿＿日登記したもの
□ 建物図面・各階平面図
　□ 最新のもの　□昭和・平成＿＿＿年＿＿＿月＿＿＿日登記したもの
□ その他の図面（　　　　　　　　　　　　　　　　　　　　　　　）
□ 閉鎖した地図・地図に準ずる図面（公図）
□ 徐却した地積測量図・土地所在図（昭和・平成＿＿＿年＿＿＿月＿＿＿日徐却）
□ 徐却した建物図面・各階平面図（昭和・平成＿＿＿年＿＿＿月＿＿＿日徐却）

登記印紙は割印をしないでここにはってください。

交付通数	交付枚数	手数料	受付・交付年月日

第1節　法17条地図

　不動産登記法第17条で法務局に備えるべき地図を通常「法17条地図」といいます。

　国家基準点（三角点）を基準として境界を測量しているので，現況が変わっても，境界を復元することができます。正確度の面ではこの図面が最も優れています。

　法務局は国土調査法に基づく「地籍図」，土地改良事業や土地区画整理事業等によって作成された「土地所在図」を活用し，徐々に整備を行っていますが，進捗率は50％前後で，特に都心部で完備されていません。この理由は，新しく造成された土地や区画整理が終了した土地は土地と土地との境界線が明確であるのに対し，都心では所有権が複雑であることが多いからです。

第3章 公図・測量図を取る

第2節　地図に準ずる書面（一般的には「公図」という）

「法17条地図」が備え付けられるまでの間，法務局に備え付けられることとされているのがこの図面で，土地の位置，形状，および地番を表示してあります。

この図面は，旧土地台帳付属書面であり，「法17条地図」に比べ正確性はやや劣るとされています。例えば，登記簿の面積に対し公図が小さい等のケースです。これは当初大きな土地であったものを，切り売りしたりすると最後に残った土地の面積が公図と合わなくなってしまうことがあるからです。

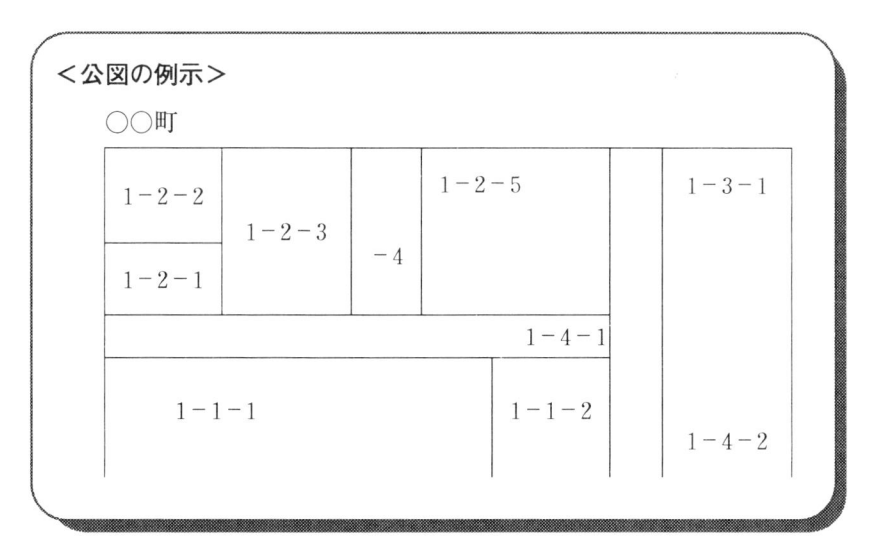

```
＜公図の例示＞
　○○町
　┌──────┬──────┬──────┬──────┐
　│ 1-2-2 │        │        │        │
　├──────┤ 1-2-3  │ 1-2-5  │ 1-3-1  │
　│ 1-2-1 │        │  -4    │        │
　├──────┴──────┴──────┤        │
　│           1-4-1           │        │
　├──────────────┬─────┤        │
　│              │      │        │
　│   1-1-1      │1-1-2 │ 1-4-2  │
　│              │      │        │
　└──────────────┴─────┴────────┘
```

第3節 地積測量図

　土地の分筆・更正登記等に提出される図面で，方位・地番・地積およびその求積の方法を明らかにするとともに，土地を特定することを目的に作られたものです。

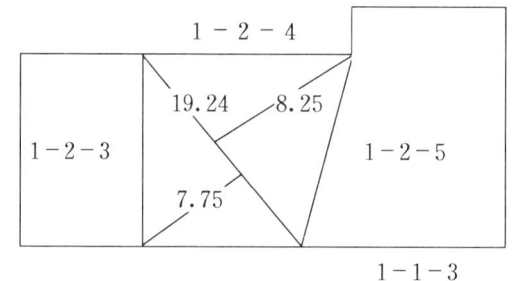

＜地積測量図の例示＞

```
                1-2-4
       ┌──────┬──────┐
       │     19.24  8.25 │
       │ 1-2-3 │\   /│ 1-2-5 │    1-2-6
       │       │ \ / │      │
       │       │ 7.75 │     │
       └──────┴──────┘
                1-1-3
       ┌────────────┐       ┌────┐
       │   1-2-2     │       │    │
       └────────────┘       └────┘
```

　　　　┌─────────────────┐
　　　　│　1-2-4の土地の面積　│
　　　　└─────────────────┘
　　① 　19.24×8.25＝158.73
　　② 　19.24×7.75＝149.11
　　　　（①＋②）÷2 ＝153.92m^2

第3章　公図・測量図を取る

第4節　建物図面・各階平面図

　これらは建物の表示に関する登記申請の添付書類として提出される図面で建物の位置および形状を明確にするために作られたものです。

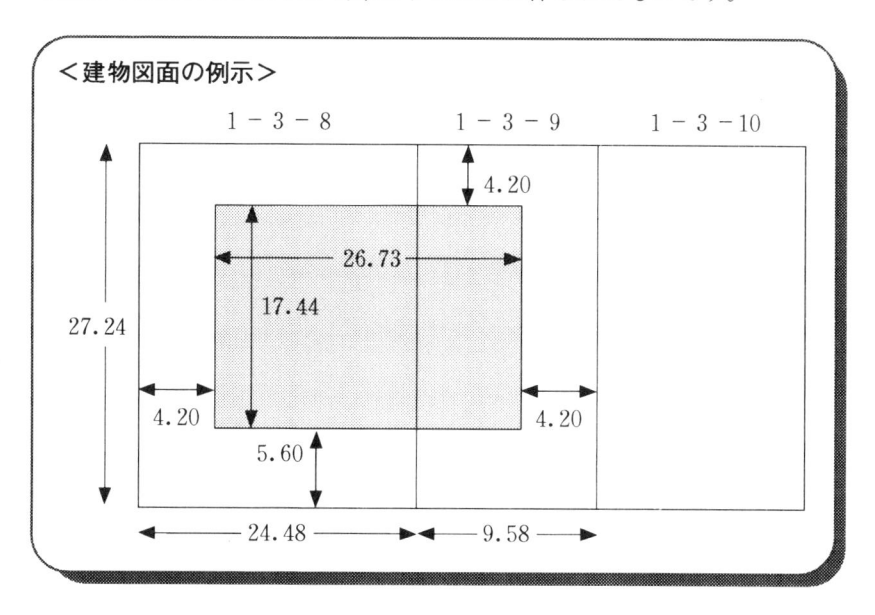

＜建物図面の例示＞

1-3-8　　1-3-9　　1-3-10

4.20
26.73
17.44
27.24
4.20
4.20
5.60
24.48
9.58

＜各階平面図の例示＞

1階平面図

2階・3階平面図

4階平面図

第3章　公図・測量図を取る

第5節　地図等の閲覧・交付申請の仕方

　法務局に備え付けられている以上の図面は，「閲覧」することができるほか，平成13年4月からは，「写し」の交付申請ができるようになりました。

　「写し」は閲覧用の図面（公図は厚手のビニールシートに書かれています）を受け取り，備え付けのコピー機でコピーすることになります。

　ただし，「法17条地図」以外は認証文・認証年月日が記載されないので，コピーに取得日や方位を補記する必要があります（方位は閲覧用図面の端に出ていますが，コピーは一部分しか取れませんので方位が欠落することがあります。このようなときは法務局に備え付けてある方位ゴム版でコピーに明示します）。

　交付手数料は以下のとおりです。

請求内容	単位	金額
・地図等の閲覧	図面1枚あたり	500円
・地図または建物所在図の全部または一部の写し	一筆（個）あたり	500円
・地図に準ずる図面の全部または一部の写し	一筆あたり	500円
・地積測量図または建物図面の写し	1事件あたり	500円

第4章

表示に関する登記

　さて、ここからが登記簿の読み方になるわけですが2章でご説明した通り、登記簿は「登記事項証明書」「登記事項要約書」に代わります。

　しかしながら以下においては、登記簿の方がまだ実感があることから、登記簿と出てきたら登記事項証明書や登記事項証明書のことだと読み替えてください。

第1節　表示の登記の位置付けと役割

　不動産登記には、土地や建物の物理的状況を表示する部分と、権利の得喪・変更に関する部分とに大別されます。

　前者が表示に関する登記・後者が権利に関する登記で表題部、権利部甲区・乙区に記載されることになります。

　不動産登記制度の目的が、取引の安全と円滑化と表象による対抗力の付与という点からは、権利に関する登記に重点がおかれますが、表示の登記は権利に関する登記の「前提」や「基礎」となる、重要な位置を占めていると考えられます。

　この表題部が表示の登記として独立したのは、昭和35年の不動産登記法が改正されたときで、それまでの土地台帳・家屋台帳制度を廃止してから

です。台帳の時代は申告制度ですので，徴税のためには不都合があったわけですが，現在では申告制度と職権主義の併用により，より精度の高いものになりつつあります。

第2節 土地の表示の登記

　不動産の表示の登記とは，新たに生じた土地や新築された建物の表示の登記で登記簿の表題部を開設する最初の登記です。

　不動産登記法では土地の表題部に記載する項目として次をあげています（不動産登記法第34条）。

① 土地の所在する郡，市，区，町，村及び字（あざ）
② 地番
③ 地目
④ 地積

　それでは，実際の謄本を見ながら説明をしましょう。

＜土地の表題部の例示＞

東京都中央区××町○○丁目3－5				全部事項証明書	（土地）
【表　題　部】（土地の表示）				地図番号	余白
【①所在】	中央区××町○○丁目			余白	
【②地番】	【③地目】	【④地積】m²		【原因及びその日付】	【登記の日付】
3番5	宅地	135	45	3番1より分筆	
余白	余白	余白		余白	昭和63年法務省令第37号附則第2条第2項の規定により移記　平成4年7月23日

　この謄本では，3番5の土地が3番1の土地から分筆されていることがわかります。

第4章　表示に関する登記

① 所在　その土地の存在する場所。市，区，町，村，字までです。
② 地番　一筆ごとに定められた固有の番号ですから，これで物件が特定されます。
③ 地目　土地の主たる用途により以下のものがあります。
　　田，畑，宅地，塩田，鉱泉地，池沼，山林，牧場，原野，墓地，境内地，運河用地，水道用地，用悪水路，ため池，堤，井溝，保安林，公衆用道路，公園，雑種地
④ 地積　水平投影面積で次の単位で表示されます。

宅地と鉱泉地	1 m^2 の100分の1の単位まで
10m^2 以下の上記以外の土地	同上
10m^2 超の上記以外の土地	1 m^2 以下は切捨て

建物については新築や増築がすぐ思い浮かびますが，「新たに生じた土地」というのはどのようなことなのでしょうか。
① 用水面の埋立てによる新しい土地の創設
② 地震・土石流など自然災害による海・湖沼・河川の隆起または，土砂蓄積による土地の創設
ということになりますが，これらは実際には非常に稀といえます。

＜新たに土地が生じた場合の例示＞

東京都江東区××町△△丁目6-5			全部事項証明書　　　（土地）		
【表題部】（土地の表示）				地図番号	余白
【所在】　江東区××町△△丁目			余白		
【①地番】	【②地目】	【地積】m²	【原因及びその日付】	【登記の日付】	
6番5	宅地	3600:00	平成16年5月16日 公有水面埋立	平成16年5月16日	

第3節　建物の表示の登記

(1)　建物の所在

　建物の表示登記については不動産登記法第92条に規定されています。

　「建物」については何が登記できて何が登記できないかについてはすでに説明をしましたので省略し、ここでは新築した建物の表示登記について述べます。

　建物が新築されたとき最初に登記簿の表題部にされる登記が建物の表示の登記であり、これにより建物の物理的概要が明確化されることになります。

　建物の表示の登記事項は建物所在の郡・市・区・町村・字および地番です。これらにより建物がどこに建っているかが明確になるわけです。しかしながら建物は必ずしも一筆の土地の上に建っているとは限りません。この場合は全部の土地の地番が併記されることになります。

　次の謄本をご覧ください。

【表　題　部】(主たる建物)	調製平成　年　月　日	地図番号	余白
【所　　在】 △市○町１丁目23、24番地	余白		
【家屋番号】 23番地	余白		
【①種類】	【②構造】	【③床面積】m²	【原因及びその日付】	【登記の日付】
居宅	木造瓦葺2階建	1階　98：33 2階　76：42	平成16年3月4日新築	平成16年3月20日

この謄本では家屋番号23番の建物が土地23番と24番の上に建っているということがわかります。

(2) 家屋番号

家屋番号とは建物を特定するために建物の一個ごとにつけられるもので地番区域ごとに建物の敷地の地番と同一の番号をもってつけられるのが原則となっています。

先ほどの例では、一戸の建物に対し土地が二筆あったのですが、逆に一筆の土地に数個の建物が建てられている場合、例えば敷地内に倉庫や車庫などの「付属建物」があったり、工業区域に建てられた数個の工場などは23番の1，23番の2，23番の3……などのように枝番がつけられます。

さらに土地自体に枝号（枝番）がある場合は41番4の1，41番4の2などのようになります。

```
┌─────────┬──────────────────┬──────────┐
│         │  主たる建物      │          │
│  倉庫   │    23番          │          │
│ 23番1   │                  │          │
│         │                  │          │
│         │  1丁目23番地     │ 1丁目24番地│
│         │                  │          │
│  車庫   │                  │          │
│ 23番2   │                  │          │
└─────────┴──────────────────┴──────────┘
```

(3) 建物の種類

建物の種類は用途から見た建物の種別です。

建物の用途としては居宅・店舗・寄宿舎・共同住宅・事務所・旅館・料理店・工場・倉庫・車庫・発電所・変電所に区分されています（不動産登記法施行令第6条，不動産登記規則第113条）。

また，これ以外の校舎・集会所・映画館・野球場なども登記することができます（不動産登記事務取扱手続準則第80条）。

(4) 建物の構造

建物の構造とは，「建物の主たる部分の構成材料」と「屋根の種類」および「階数」から構成されます。

① 構成材料は木造・土蔵造・石造・レンガ造・コンクリートブロック造・鉄骨造・鉄筋コンクリート造・鉄骨鉄筋コンクリート造があります。

　数種の材料で建築された建物については，主たる材料により決定されますが，そのいずれでも定められない場合は，「木造・鉄骨造」「石造・レンガ造」のように表示されます。

② 屋根の種類は瓦ぶき・スレートぶき・亜鉛メッキ鋼板ぶき・草ぶき・

陸屋根があります。このほか、セメント瓦ぶき・アルミニューム板ぶき・板ぶき・杉皮ぶき・石板ぶき・鋼板ぶき・ルーフィングぶき・ビニール板ぶきなども認められています。

③　建物の階数は平屋建て・2階建て・3階……のほか地下の階数も記載されます。

　　例としては、地下2階付7階建て・渡廊下付2階建てなどです。

　　なお、天井の高さが1.5メートル未満の地下室や屋階（特殊階）は、階数には算入されません（不動産登記事務取扱手続準則第81条4項）。

(5)　建物の床面積

　建物の広さはm^2の単位を用い、1m^2の100分の1未満の端数は切捨てされて表示されます。この場合の広さは壁芯（真）（かべしん・へきしん）主義と内法（うちのり）主義によって異なります。

　壁真（かべしん）主義とは文字どおり、壁の中心を基に水平投影法により求積するもので、通常のビルなどはこの方法によります。

　しかしながら、木造の家屋については、柱真（はしらしん）を求める場合もあります。

　他方、内法主義とは、壁その他の区画の内側の線で囲まれた部分を水平投影法により求積するもので、区分所有建物やマンションがこれに該当します。

　建物面積で注意を要するのは次のような場合です。

①　天井の高さが1.5メートル未満の地下室や屋階（特殊階）は床面積に算入しない（前述）。

　　ただし、一室の一部が1.5メートル未満であっても1.5メートル未満部分の面積は一室の面積として算入されます。

②　上屋を有する乗降場や荷物積み下ろし場はその上屋の面積をもって

床面積として計算されます。
③　吹き抜けになっている建物では，1階部分の面積は当然加算されますが，2階部分は算入されません。

(6) マンションの登記簿
① マンション法成立の背景
　戦後，わが国の狭い国土に大量な住宅を建設するためには，従来の棟割長屋的な住宅では対応できず，特に首都圏や大都市を中心に高層化が進んできました。こうした時代の流れに対し，国は当初賃貸住宅を主体に供給してきましたが（いわゆる公団アパート），資金調達の必要性と，国民の持ち家ニーズに対応するために分譲マンションの建設ラッシュとなったのです。

　この登記については昭和37年に「建物の区分所有等に関する法律」が制定され，これまでの民法第208条（主として棟割長屋を想定したと考えられる）は削除され，その後昭和58年に大幅な改正がなされ現在に至っているのです。

② 区分所有建物の登記簿
　建物の区分所有等に関する法律第1条には，「一棟の建物に構造上区分された数個の部分で独立して住居，店舗，事務所又は倉庫その他建物の用途に供することができものがあるときは，その各部分は，この法律の定めるところにより，それぞれ所有権の目的とすることができる」と定められています。

　具体的には，各部分が構造上，壁・床・天井等によって区分され，それぞれが完全に独立していることであり，次にその部分が住居・店舗などとして独立して使用ができる，つまりプライバシーが守られるということになります。

しかしながら，一棟全部を同一保有者が保有している場合（例えば将来の相続に備える場合など），これを「一棟の建物」として登記するか「区分所有建物」とするかは所有者の意思にかかわってきます。

ではマンションの登記簿はどのような構成になっているのかを見てみましょう。

マンションの場合は一棟全体の表題部（これを「一棟の建物の表題部」といいます）と各区分建物（専有部分といいます）の表題部（これを「専有部分の表題部」といいます）と甲区・乙区の四部構成となります。

「一棟の建物の表題部」には一棟の建物の所在の郡・市・区・町村・字および地番と構造・床面積が記載され，一棟の建物に番号がある場合はその番号も登記されます。したがって一棟の建物を区分したときは，各区分建物が一個の建物とされるので一棟の建物には「家屋番号」はつけられないし，個々に利用形態が異なることから「建物の種類」も登記されることはありません。

「専有部分の表題部」には専有部分の建物を表示する事項が記載されます。床面積は前述のとおり「内法主義」で記載されます。

しかし，所在および地番は「一棟の建物の表題部」に記載されているので個々には記載されませんが，地番区域は省略することはできません。

それでは東京港区にあるグレイス一番館306号室の謄本を見てみましょう。まず一棟の建物の表題部です。

東京都港区××1丁目54－85－306				区分建物全部事項証明書		
専有部分の番号	54－85－101　54－85－102　54－85－201～208　54－85－301～308　54－85－401～408　54－85－501～508　54－85－601～608　54－85－701～708　54－85－801～808　54－85－901～908					
【表　題　部】（一棟の建物の表示）			調製平成　年　月　日		所在図番号	余白
【所　在】	港区××1丁目54番地85、54番地86、54番地99			余白		
【建物の番号】	グレイス一番館			余白		
【①構造】	【②床　面　積】		m²	【原因及びその日付】		【登記の日付】
鉄骨鉄筋コンクリート造陸屋根9階建	1階 2階 3階 4階 5階 6階 7階 8階 9階	329 358 358 269 269 269 269 269 269	52 74 74 33 33 33 33 33 33	余白		余白
余白	余白			余白		昭和63年法務省令第37号附則第2条第2項の規定により移記 平成8年○月○日
【表　題　部】（敷地権の目的たる土地の表示）						
【①土地の符号】	【②所在及び地番】		【③地目】	【④地積】	m²	登記の日付
1	港区××55－……		宅地	16	19	昭和59年○月○日

　この区分所有建物は9階建てで，全部の部屋数は1階2室，2階から9階まではそれぞれ8室で合計66室あることがわかります。

　敷地の所在は54番地85，86と99になっていることから土地は三筆から構成されていることがわかります。さてここで「敷地権」という言葉が出てきました。この敷地権については次の項で詳しく述べますのでここ

では無視してください。

次に専有部分の建物の表示を見てみましょう。

【表　題　部】(専有部分の建物の表示)				
【家屋番号】	××１丁目54番85の305		余白	
【建物の番号】	305		余白	
【①種類】	【②構造】	【３床面積】　㎡	【原因及びその日付】	【登記の日付】
居宅	鉄骨鉄筋コンクリート造１階建	３階部分　36：95	昭和59年○月○日新築	余白
余白	余白	余白	余白	昭和63年法務省令第37号附則第２条第２項の規定により移記 平成８年○月○日
【表　題　部】(敷地権の表示)				
【①土地の符号】	【②敷地権の種類】	【③敷地権の割合】	【原因及びその日付】	【登記の日付】
1	所有権	273,872分の4,069	昭和59年○月○日敷地権	昭和59年○月○日

ここで注意を要するのは「構造」の部分です。９階建ての建物ですが「１階建」となっています。これはこの建物（部屋）は一層であるということを示しています。つまり１階と２階とか３階と４階が一つの建物としてあるのではないのです。

311	211	111
310	210	110
309	209	109
308	208	108
307	207	107
306	206	106
305	205	105
304	204	104
303		103
		102
301	201	101

左の建物では101号室から111号室までは「1階建」ですが、201号室は「3階建」、301号室は「2階建」と表示されます。

さて、ここでも敷地権に関する記載がありますがここでは無視してください。ただし、敷地権の種類が「所有権」であること、敷地権の割合が273,872分の4,069であることに注目してください。

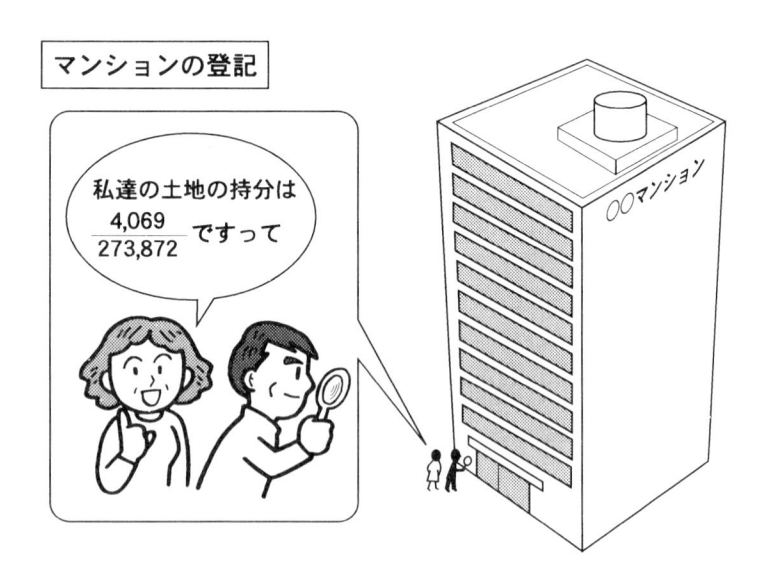

マンションの登記

私達の土地の持分は $\dfrac{4{,}069}{273{,}872}$ ですって

続いて甲区、乙区についても見てみましょう。

第4章　表示に関する登記

東京都港区××1丁目54-85-305			区分建物全部事項証明書	
【甲　区】（所有権に関する事項）				
【順位番号】	【登記の目的】	【受付年月日・受付番号】	【原　　因】	【権利者その他の事項】
1	所有権保存	昭和60年×月○日 第395号	昭和60年○月○日売買	所有者　港区××1丁目… 　　　　山田　太郎 順位1番の登記を移記
	余白	余白	余白	昭和63年法務省令第37号附則第2条第2項の規定により移記

【乙　区】（所有権以外の権利に関する事項）				
【順位番号】	【登記の目的】	【受付年月日・受付番号】	【原　　因】	【権利者その他の事項】
1	抵当権設定	昭和60年×月○日 第399号	昭和60年○月○日金銭消費貸借同日設定	債権額　金600万円 利　息　年5.5％ 損害金　年（365日当たり）14.50％ 債務者　港区××1丁目… 　　　　山田　太郎 抵当権者　文京区後楽… ○○○○公庫 （取扱店　株式会社○○銀行凸凹支店） 共同担保　目録（こ）第367号 順位1番の登記を移記
2	抵当権設定	昭和60年×月○日 第2256号	昭和60年○月○日保証委託契約に基づく求償債権同月31日設定	債権額　金3,000万円 損害金　年14％ 　　　　（365日当たり） 債務者　港区××1丁目… 　　　　山田　太郎 抵当権者　千代田区丸の内2丁目… △△保証株式会社 共同担保　目録（そ）第143号 順位11番の登記を移記

55

以上のように区分所有建物（マンション）では，一棟全体の表題部，専有部分の表題部，甲区，乙区の四部構成になっていることが理解していただけたと思います。

次にマンションの構造から見た各部分の法律的意味合いを見てみましょう。

「法定共用部分」

マンションの場合，エントランス部分や各階の廊下部分，給排水管の通り道などはそれ自体建物の用途として供されるわけではないので，この部分のみを単独で所有権の目的とすることはできず，各室の所有者の「共有」に属する部分となります。

マンションの全体の建築面積が2,000m^2であった場合でも，個々の専有面積を合計しても2,000m^2に満たないのはこの法定共用部分が含まれているからです。

「規約共用部分」

集会室や会議室などはそれ自体は区分所有権の目的となりますが，各室の所有者が共同で所有する目的で規定を定めた場合は，その旨を登記することによって，その部屋の所有権を共用部分として第三者に対抗することができます。

(7) 敷 地 権

区分所有建物を所有するための建物の敷地に関する権利を「敷地利用権」といいます。通常の一戸建ての建物であれば，建物の底地は本人名義であったり，借地であったりして，他人が介在する余地はないのですが，区分所有建物の場合は，土地の上に数個の区分所有建物があるわけで，やや複雑になっています。

敷地権は建物の敷地となっている土地に関して所有権・地上権・賃借権

等が登記されます。

「敷地権の大原則」

　敷地権が登記されていると，その敷地と建物とを分離して処分することが可能である旨の規約がある場合を除き分離して処分することができません（建物の区分所有等に関する法律第22条）。

　これが区分所有建物の大きな特徴です。

　先ほどのページでマンションの謄本の表題部に「敷地権」の表示があったことを思い出してください。 建物 の表題部に「敷地権の目的たる土地の表示」や「敷地権の表示」が記載されており，この 土地 に対しても敷地権たる旨の登記がされているのです。このようにお互いの建物と土地について登記することにより分離処分することができないことが公示されるのです。このことは建物に登記された権利の効力は土地にそのまま及ぶということを意味します。そして，敷地権の表示の登記がある区分所有建物について所有権の移転があったときの登記は，区分建物の登記用紙にのみ記載され，敷地権の目的たる土地の登記用紙には記載されませんが，その登記は同時に敷地権についても同一の登記原因による移転の登記の効果を持つことになるのです。

(8)　新築マンション

　ではマンションを新築した場合の実際の表示の登記はどのような手続になるか見てみましょう。

　建設業者が土地を取得しマンションを建設し，これを販売するケースで考えてみます。

　区分所有建物は，敷地権との一体性に反する登記の防止のため，できるだけ早く登記の申請をしなくてはならないこと，敷地権の有無，その種類および割合，規約の有効性などの調査のため区分所有建物全部について一

括して申請する必要があります。したがって申請は常に原始取得者（マンションを建てた建設業者など）に限るとされています。

しかしこれですと，原始取得者が表示登記，所有権保存登記をしてから一部屋ずつ分譲することとなり，転得者（マンション購入者）にとっては大変不都合なこと（所有権の移転による登記だけしか認められないと登録免許税が高くなる）になりますので，区分所有建物については表題部所有者の証明により転得者が直接所有権保存登記の申請をすることができるようになったのです。

この証明書とは次のようなものです。

所有権譲渡証明書

私は後記建物の所有権を東京都港区××○丁目○○番地
山田太郎氏に直接譲渡した事を証明いたします。

平成○年○月○日

東京都千代田区大手町三丁目××番地
株式会社○○建設　印

記

建物の表示
一棟の建物の表示
所在　東京都港区××○丁目‥‥‥
建物の番号　グランドハイツ
専有部分の建物の表示
家屋番号　××○丁目参
種類　居宅
構造　鉄骨鉄筋コンクリート造一階建
床面積　参階部分　六参・四四平方メートル

第5章

所有権に関する事項

前章では表題部について述べてきましたが，本章では権利部の所有権に関する事項が記載される「甲区」について見てみましょう。

第1節　所有権の原始取得者

前章まで見てきた表示登記のままではその権利に対して何ら効果は発生しませんが，所有権の登記を基点として地上権・賃借権・抵当権等の登記がされるわけです。

所有権の取得原因については次が考えられます。

① 法律行為による取得，売買・贈与などの契約，遺贈など
② 相続による取得
③ 取得時効
④ 無主物先占・遺失物発見・埋蔵物発見・附合・混和・加工による取得

①と②は承継取得といわれ，前の権利者の地位を継承するもので，③と④が原始取得になります。

土地の場合の原始取得は稀ですが，建物の場合は誰が原始取得者かということが問題になります。

その建物を建てた建設会社や大工さんなのか建築の依頼主なのかということです。

本来ならば，建設会社が表示の登記をして，所有権保存の登記をしてから依頼主が所有権移転登記をすることになりますが，実際は，建築業者は表示の登記も保存の登記もせずに依頼主が所有権保存登記をできるのです。これは不動産登記法第36条の規定を建物にも準用したものと解されています。

> **不動産登記法第36条**
>
> 新たに生じた土地又は表題登記がない土地の所有権を取得した者は，その所有権の取得の日から一月以内に，表題登記を申請しなければならない。

第2節 保存登記

所有権保存の登記は所有権の登記がされていない土地や建物について初めてなされる所有権の登記です。

甲区に保存登記がなされると，ここから権利の変動や所有権の移動が開始されるのです。

(1) 適格要件──登記のできる人

未登記の土地や建物があれば誰でも保存登記できるかというとそうではなく，登記簿の表題部に「所有者」として記載されている者とされています（不動産登記法第74条第1項）。

自己の所有する土地や建物があっても登記簿の表題部に記載されていない未登記物件についてはただちに所有権の保存登記は不可能なのです。

逆に言えば，表題部に所有者として記載があるものは常に保存登記適格者といえます。

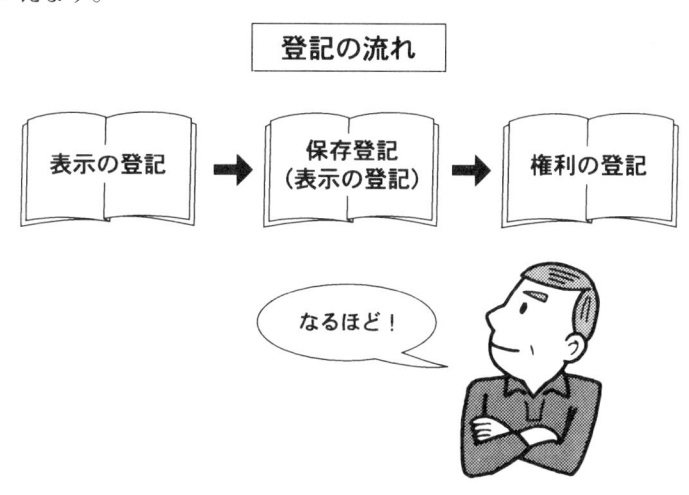

登記の流れ

表示の登記 → 保存登記（表示の登記）→ 権利の登記

なるほど！

(2) その他の適格者

① 相続人

表題部の所有者が死亡した場合，相続人は直接所有権の保存登記ができます。本来であれば被相続人名で保存登記し，相続を原因とする所有権移転登記がなされるべきものですが，相続の場合はこれを省略することができるのです（不動産登記法第74条第1項第1号）。

② 判決により自己の所有権を証する者

所有権のない土地・建物について所有権が自分に存することを判決により証明されることにより，自己名義で保存登記ができます。

この判決は，登記義務者が存在しないわけですから，確定判決であれば給付判決・確認判決・形成判決のいずれでもよいのです（不動産登記法第74条第1項第2号）。

③ 収用により所有権を取得した者

公共事業の起業者は土地収用法などに基づき未登記の土地・建物を取

得した場合，直接自己名義で所有権の保存登記ができます（不動産登記法第74条第1項第3号）。

(3) 区分所有建物の場合

表題部に所有者と記載されていない者でも所有権保存登記ができるもう一つの例として区分所有建物の登記があります。これについては，前節で述べましたのでこれを参考にしてください。

(4) 職権による登記

所有権保存の登記は，申請または嘱託によってなされるほか，所有権のない土地・建物について処分の制限の登記の嘱託があった場合はその登記の前提として登記官が職権をもって登記をすることができます。

また第三者が代位登記として所有権保存登記をすることもできます。

第3節 所有権の移転の登記

(1) 所有権の取得原因

所有権移転登記には，売買・贈与などの法律行為を原因とするものや相続のように法律が規定する一定の事実を原因とする場合，競売・公売等によるものなどいろいろなケースが考えられます。

このうち最も一般的なものが売買です。不動産の売買は，売主が不動産の所有権を買主に移転することを約し，買主がその代金を支払うことを約することによって成立します。通常は「不動産売買契約書」を作成することになります。

契約が成立することによって買主に所有権が移転し，これを登記します。登記しなければ第三者に対抗できないことは，すでに述べたとおりです。

この登記は買主が「登記権利者」、売主が「登記義務者」となり、両者が共同で申請します。したがって売買は「共同申請の典型」ということができます。

売買の登記

仲良く共同申請

① 「登記権利者」「登記義務者」

　登記にはこの用語が頻繁に使われますが、一般的に登記により立場が強くなる者や権利が増す者が「登記権利者」であり、逆に登記により立場が弱くなる者、権利が減少するものを「義務者」といいます。

② 「共同申請」「単独申請」

　登記には、登記権利者と登記義務者が共同して申請を行わなくてはならない場合と、登記義務者がいなくても、登記できるものとがあります。通常は共同申請の形となるのですが、相続の登記などは、相続人が亡くなっていないわけですから、相続人の単独申請となるのです。

　登記簿には「登記の目的」「受付年月日・受付番号」「原因」「権利者その他の事項」が記載されます。

【甲　区】　（所有権に関する事項）				
【順位番号】	【登記の目的】	【受付年月日・受付番号】	【原　　因】	【権利者その他の事項】
1	所有権保存	平成○年○月○日 第123号	平成○年○月○日売買	所有者　港区××一丁目○○番地　山田　太郎 順位1番の登記を移記
2	所有権移転	平成16年1月8日 第345号	平成16年1月7日売買	所有者　横浜市青葉区○○三丁目一番地 持分2分の1甲野　一郎 持分2分の1甲野　花子

　この謄本では，山田太郎さんが甲野一郎さんと花子さんに不動産を平成16年1月7日に売買し，翌日法務局に所有権移転の申請を行ったことがわかります。このケースでは，甲野一郎さんは花子さんと持分を2分の1ずつとしました。
　こうして謄本に記載されることにより，広く一般に所有者が変更になったことが，公示されるわけです。

(2)　持分の移転

　持分移転についてはケースによって【原因】欄が次のように記載されます。

① 「所有権一部移転」→単有の不動産の一部移転
② 「共有者○○持分全部移転」→共有者1人の持分の全部移転
③ 「共有者○○持分一部移転」→共有者1人の持分の一部分の移転
④ 「共有者全員持分全部移転」→共有不動産の全部の移転
⑤ 「共有者○○持分3分の1，共有者△△持分3分の2移転」→共有者○○の持分3分の1と共有者△△の持分の3分の2を移転する場合

(3) 真正な登記名義の回復

【原因】欄に「真正な登記名義の回復」というように記載されている場合がありますが，これはどのような意味なのでしょうか？

申請書に間違った名前を書いてしまったのか，登記官が間違ってしまったから訂正したのかなどと考えてしまいますが，実はこういうことなのです。

不動産がA氏→B氏→C氏に所有権が移転した場合，A氏とB氏との所有権移転が無効であったとき（例えば契約そのものが成立しないものであったり，所有権登記を目的とする権利に関する登記名義人から承諾を得られなかった場合など），A氏とB氏との登記は無効であり抹消すべきものですが，第三取得者であるC氏からA氏に移転の登記がなされたものなのです。

本来の主旨によれば当然A氏→B氏の登記を抹消しA氏の所有権に戻すべきなのですが，当事者（A氏とC氏）の共同申請で自由に登記できることからこれが濫用されているのです。

なぜこれが問題になるかというと，B氏の登記に利害関係がある第三者はA氏に対してどのように権利を主張できるかということなのです。

(4) 相続の登記

相続は被相続人の死亡により開始するので，登記の【原因】は「相続」となりその【日付】は被相続人の死亡の日となります（民法第882条）。相続が開始されると，被相続人が所有していた一切の財産上の権利義務は相続人に承継されます（民法第896条）。

金銭ばかりでなく，不動産についても例外ではなく相続人がこれを相続することになります。

相続人が単独である場合で債権債務関係が絡まない場合は簡単なのですが，複数のときにはさまざまな問題が起こってきます。

二代にわたって相続が発生し，謄本を見ると「祖父の名義」であったなどということがありますが，これは旧民法では「家督相続」が認められており，相続人は常に1人であり，登記する必要性がなかったのです。

また，不動産を担保に提供したり，売却することもなければ自己の所有権を登記簿に記載しなくても不都合はないのです。

現在は，家督相続制度はないので通常は相続人が複数となることが多いのです。

次の謄本は，山田太郎氏が亡くなり夫人の花子さんが2分の1を，長男の一郎・次男の次郎がそれぞれ4分の1を相続した場合です。

【甲 区】	(所有権に関する事項)			
【順位番号】	【登記の目的】	【受付年月日・受付番号】	【原　　因】	【権利者その他の事項】
1	所有権保存	平成○年○月○日 第123号	平成○年○月○日売買	所有者　港区××一丁目○○番地　山田　太郎 順位1番の登記を移記
2	所有権移転	平成16年6月8日 第345号	平成16年2月7日相続	所有者　横浜市青葉区○○三丁目一番地 持分2分の1　山田　花子 持分4分の1　山田　一郎 持分4分の1　山田　次郎

① 登記の申請

相続人が1人である場合は単独相続ですからその相続人が単独で相続の登記を申請することになり，複数の場合は通常は「法定相続分」(民法第900条)に応じて共同相続ということになるので，共同してまたは1人が代表して相続人登記全員のために相続の登記を申請することになります。

法定相続分により登記する場合は「遺産分割協議書」は不要となります。これは添付書類として被相続人の「除籍謄本」，「戸籍謄本」，相続

人の住民票が提出されることにより，法定相続分どおりの相続であることが判断できるからです。

② **遺産分割協議書**

遺産分割協議書は法定相続分の規定によらずに相続する場合や相続人同士で遺産分割の協議が成立しなかった場合，遺言（後述）がなかった場合に効力を発揮します。

法定相続分以外の方法で登記するとき（例えば営業用として妻と長男が土地・建物を相続し，次男は金銭のみを相続する場合など）や「寄与分」を登記する場合などです。

「寄与分」とは共同相続人の中に被相続人の財産の維持または増加に特別に寄与した者があるときには，相続の開始のときにおいて有する財産の価額から共同相続人の協議で定めたその者の寄与分をあらかじめ控除したものを相続財産とみなし，この残りについて各相続人の相続分を算定するというものです（寄与分は法定相続分の2分の1となります）。

しかし，この寄与分については相続人同士の協議がまとまらないのが現実で，紛争の原因の多くはここにあります。後日の紛争を考えるとやはり「遺言」が確実ということになります。

③ 遺　　贈

遺贈とは遺言により財産権を贈与することであり，被相続人が生前にAの土地は甲に，Bの土地は乙に「遺贈」するという遺言を残すことです。

実質上は相続ですが登記簿上の【原因】欄は「遺贈」の登記がなされます。遺言者の死亡の日から効力を生じるので【日付】は死亡した日となります。受遺者（遺贈を受ける者）は登記をしないと第三者に対抗できず，この登記義務者は「遺言執行者」（民法第1012条第1項）です。

被相続人が作った遺言による登記が遺留分を侵害している場合は，遺留分減殺請求をすることになります。

なお，相続に関しての一般論としては，「胎児」「未成年」「成年後見制度」「相続放棄」「停止条件つき贈与」など，さまざまな態様がありますが紙幅の関係で割愛することとします。

第4節　所有権の更正の登記

(1)　所有権保存登記の更正

保存登記の登記事項に錯誤または遺漏があった場合，これを更正することができます。

「錯誤」とは本来されるべき登記とは別の誤った記載があることで，「遺漏」とは登記されるべき事項の全部または一部が脱漏していることです。

しかし，権利の同一性を欠くものは更正することができません。

権利の同一性というのはどういうことかというと，登記の客体（登記される土地や建物）を誤った場合です。

例えばAという土地を登記しようと思ったのにBという土地に登記してしまった場合，これを更正することはできません。これは更正前の登記と

更正後の登記が同一性を欠くからです。

登記申請者の誤りか登記官の誤りかは問いません。ただし明らかに登記官の誤りであるときは職権により更正の登記を抹消し，新しい登記がなされます。

所有権の移転の登記の更正はいろいろなケースが考えられますが，更正できるケースとできないケースがあります。詳しくは次章の「権利の変更と更正」をご覧ください。

第5節　買戻し権に関する登記

不動産の売主は，売買契約と同時にその不動産について「買戻しの特約」をした場合には，売買によって所有権を移転した不動産を後日買主が支払った売買代金および費用を返還することによって，取り戻せるというものです（民法第579条）。

この特約はどのようなときになされるかというと，独立行政法人都市再生機構が，居住用として分譲した土地を，買主が商品用不動産として転売することを防止するためや，融資金の担保として，不動産を売買の形で所有権を移転するが，不動産は売主がそのまま使用収益し，利息の代わりに賃料を買主に支払うといった場合です。

この特約は，売買による所有権移転登記と同時に申請しなければ，第三者に対抗することはできません（民法第581条）。これは後から買戻しの特約があると公示されても第三者には何の意味もありませんし，取引の安全性という見地からも許されません。

したがって，買戻しの特約のついている不動産を取得した場合は，常に売主から買戻し権の請求を受ける危険性があります。つまり，買戻し権の後順位に所有権移転登記がなされているわけですから，先順位の買戻し権

を拒否することはできないのです。

(1) 売買代金

売買代金は文字どおり現実に支払った売買代金で，分割の場合は支払い済みの代金と総代金が併記されます。

(2) 契約の費用

売買契約に要した費用で，契約書の印紙代・公正証書作成費用・土地の測量費などが含まれます。契約費用の返還を要しない場合や費用がない場合は「契約費用　なし」と記載されます。

(3) 買戻し期間（民法第580条）

買戻し期間は10年を超えることはできず，仮に10年以上の契約をした場合でも10年に短縮されます。またこれを再延長することもできません。

買戻しの期間を定めない場合は，5年以内に買戻し権を行使しないと，買戻し権は消滅します。

第6節　信託の登記

　信託とは，ある人（委託者）が一定の目的のために財産権を処分し，この処分の委託を受けた者（受託者）が委任者との契約（これを信託契約といいます）により定められた目的に従い，その管理や処分を行うというものです。

　この信託の利益を受ける者を「受益者」といい，受益者を定めなかった場合は委託者が受益者となります。

　例えば，大地主のAさんが，駅前の不動産を駐車場として利用するようにBさんと信託契約し，駐車料金の一部をBさんから収益として受け取るというような場合です。

　この場合，Bさんも自分の土地を持っていた場合，信託財産としてAさんから管理委託されている土地と区別しておく必要があります。

　すなわち，区別しておかないとBさんに対する債権者がAさんの土地にまで，強制執行・仮処分・仮差押え・競売等といった法的措置を講ずることになります。

　したがって，信託財産については，信託の登記をしなければ信託財産に属することを第三者に対抗することができないので，信託による所有権移転の登記の申請と同時に信託登記がなされます。

(1)　信託登記の申請人

　信託の登記は受託者の単独申請となりますが，受託者が登記しない場合は，委託者が代位して登記ができます。

(2)　受託者の更迭と任務終了

　受託者が何らかの理由により任務を終了した場合でも信託関係は終了せず，受託者が1名であれば新受託者に継承され，受託者が複数であれば残

りの受託者が残存受託者としてこれを継承することになります。

　しかしながら次の場合はその任務が終了することになります。

① 信託行為で定められた任務終了事由の発生や信託行為により定められた特定の資格の喪失
② 辞任
③ 死亡・破産・後見開始もしくは補佐開始の審判を受けたとき・解散
④ 裁判所または主務官庁による解任

第6章
用益権に関する登記
（所有権以外の登記事項その1）

　登記簿の権利部の乙区には甲区の所有権以外の項目が記載されています。したがって，乙区にはさまざまな権利関係が記載されていますが，その中で代表的なものについて順に見てみましょう。

第1節　地　上　権

　地上権は他人の土地を工作物や竹木を所有するために使用する権利です（民法第265条）。
　また，民法では他人の土地を利用する方法として，地上権と永小作権を認めており，これは所有権に次ぐ強力な利用権といえます。
　「地上権」や「永小作権」ほど強力ではありませんが「賃借権」と「使用貸借権」があります。
　地上権の説明に入る前に，「地上権」「賃借権」「使用貸借権」の特徴をまとめておきましょう。

権利の種類	地上権	賃借権	使用貸借権
賃借料	有償・無償どちらでもよい	必ず定める	無償
主な特徴	貸主に無断で他人に貸しても，解約されない。利用されるケースはきわめて稀。	譲渡・転貸の特約がある場合を除き，貸主に無断で他人に貸すと解約される。	無償でものを借りる権利。賃借料を払う場合は賃借権になる。

(1) 地上権の特徴

上の表でもわかるように，地上権には地主の承諾なしに譲渡・転貸（いわゆる「又貸し」）しても解約されることはありませんが，賃借権の場合は，貸主に無断で譲渡・転貸すれば，解約されることになります。

両者はこの点がまったく異なるのです。

したがって，貸主としては，借主が勝手に使用権を譲渡・転貸されては困るので，登記上地上権が設定されることは，きわめて少ないということになるのです。

(2) 地上権の三つのタイプ

① 建物の所有を目的とするもの……借地法でいう借地権
② 建物以外の工作物の所有を目的するもの……鉄橋・鉄道施設
③ トンネル・地下鉄・送電線施設など

土地の所有権が地上地下を問わず権利が及ぶのと同様，地上権も土地の上下に及びます。所有権に次ぐ強い権利ですから，所有権が重ならないのと同様，地上権が設定されている土地にさらに地上権が設定されることはありません。

(3) どんなときに利用されるか

　地下鉄は通常，公道の地下を走っていますが，カーブしたり駅舎を造るためにはどうしても，民間の土地の地下を利用することになります。さらに鉄道を高架にした場合，他人の土地の上を通ることになります。

　このような場合，事業者は地上権を設定し，賃料を払うことによりその空間や地下部分を利用する権利を確保するわけです。

【乙　区】　（所有権以外の権利に関する事項）				
【順位番号】	【登記の目的】	【受付年月日・受付番号】	【原　　因】	【権利者その他の事項】
1	地上権設定	平成16年3月5日 第2310号	平成16年3月5日設定	目的　鉄筋コンクリート造建物所有 存続期間　60年 地代　1 m^2 1年〇〇円 支払期　毎年〇月×日 地上権者　東京都港区 　　　　　×町一丁目 　　　　　山田　太郎

(4) 区分地上権

　地上権が設定してある土地に対し，さらに地上権を設定することはできないと述べましたが，では今の例のように鉄筋コンクリート造りの建物が建っていたり，地下鉄が埋設したりしてある土地の空中に高架鉄道を通すことはできないのでしょうか。

　このようなことがないようにと，昭和41年に借地法等の一部改正に伴い民法第269条の2が追加され地下・空中の一部に限った地上権を設定することが可能となりました。

【乙　区】（所有権以外の権利に関する事項）				
【順位番号】	【登記の目的】	【受付年月日・受付番号】	【原　　因】	【権利者その他の事項】
1	地上権設定	平成7年3月25日 第2315号	平成7年3月25日設定	目的　高架鉄道敷設 範囲　東京湾平均海面の上100mから上30mの間 存続期間　80年 地代　1m²1年○○円 支払期　毎年○月×日 特約　土地の所有者は高架鉄道の運行の障害となる工作物を設置しない 地上権者　東京都港区 　　　　　　×町一丁目 　　　　　○○鉄道株式会社

＊区分地上権を設定した範囲が記載されます。

地上権

地上権を持っているのだ

第6章　用益権に関する登記

第2節　賃　借　権

　不動産の賃借権は賃借人が対価を支払い他人の不動産を使用・収益する契約です（民法第601条）。

　地上権が「物権」であるのに対し，賃借権は「債権」と規定しています。それは「地上権」は特定の土地を使用・収益する権利として「借り手側」の権利に重点をおいた権利義務の関係と捉えたのに対し，「賃借権」は「賃貸人に目的不動産を使用・収益させるという債務がある」という「貸し手側」の立場に重点がおかれているからと考えられます。

「賃借権の登記」

　不動産の賃借権は登記されると，以降物権を取得した者に対して対抗力を持ち，賃借人は保護されるわけですが，登記には賃貸人の協力が必要となります。したがって，賃貸人は対抗力のある賃借権の登記を嫌い，登記されることが少ないのです。

第3節　永 小 作 権

　「永小作権」とは耕作または牧畜をするために「小作料」を支払い他人の土地を使用する物権です（民法第270条）。

　あまり聞きなれない言葉ですが，要は労力を使って土地を耕作して植物を育成・栽培することです。その中身は，五穀・蔬菜・草花・牧草・果樹・桑などです。ただし竹木の植林は地上権になります。

(1)　永小作権の設定

　「永小作権設定の要件」は小作料の支払いです。「永」は永久だから期間は定めなくても良いのかというと決してそうではなく，20年以上50年以下

と定められています。期間を定めなかった場合は30年とされます。

(2) 永小作権の移転

　永小作権は物権ですから，譲渡・転貸は自由にできます。しかしながら永小作権の生い立ち……すなわち小作人に「永代貸与するから他の人に売ったり譲ったりしないで欲しい」……から見て，特約によりこれを禁止することができます。これが他の物権と異なる点です。

　しかし，相続や贈与あるいは時効によって権利を取得した者は，登記しないと第三者に対抗することはできません。

【乙　区】	（所有権以外の権利に関する事項）			
【順位番号】	【登記の目的】	【受付年月日・受付番号】	【原　　因】	【権利者その他の事項】
1	永小作権設定	昭和○年○月○日 第2311号	昭和○年○月×日設定	小作料　1年○○円 支払期　毎年○月×日 存続期間　50年 特約　譲渡・賃貸することができない 永小作者　千葉県○郡 　　　　　×町○○番地 　　　　　山田　次郎

　なお，永小作権の設定には対象が農地であることから，その設定自体に都道府県知事の許可が必要であり，小作料についても農地法により上限が定められています。

第6章　用益権に関する登記

第4節　地役権

　地役権は特定の土地の利便性を高めるために他人の土地を利用する権利です（民法第280条）。

　下の図をご覧ください。Aの土地の所有者（Aさん）はその土地が公道に面していないため，Bの土地の一部分を通行のために使用させてもらわなければなりません。そこでAさんはBの土地所有者と「地役権設定契約」を締結することで，通路を確保することができるのです。

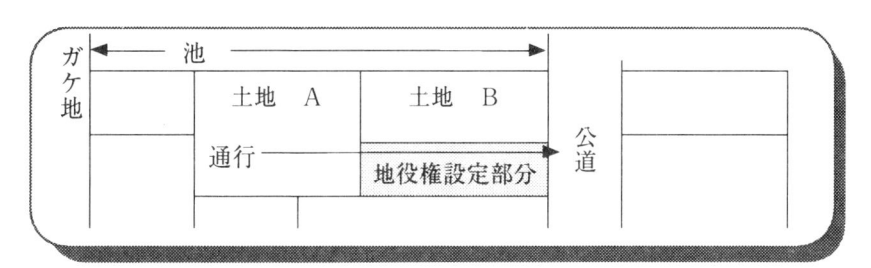

```
ガケ地 ┃←──── 池 ────→┃
       ┃ 土地 A │ 土地 B ┃ 公
       ┃ 通行 ──│地役権設定部分┃ 道
```

この場合，Aの土地を要役地，Bの土地を承役地といいます。

登記は，地役権者であるAさんと承役地の所有者であるBさんとの共同申請でなされ，まず承役地の登記用紙に地役権の設定がなされ，要役地の登記用紙には「承役地に登記した」旨が登記官の職権で登記されます。

＜承役地（Bの土地）の謄本＞

【乙　区】 (所有権以外の権利に関する事項)				
【順位番号】	【登記の目的】	【受付年月日・受付番号】	【原　　因】	【権利者その他の事項】
1	地役権設定	平成〇年〇月〇日　第361号	平成〇年〇月×日設定	目的　　通行 範囲　　南側10メートル 要役地　大田区〇〇町 　　　　〇丁目234番 地役権番号　第45番

＜要役地（Aの土地）の謄本＞

【乙　区】 (所有権以外の権利に関する事項)				
【順位番号】	【登記の目的】	【受付年月日・受付番号】	【原　　因】	【権利者その他の事項】
1	要役地地役権	余白	余白	承役地　大田区〇〇町 　　　　〇丁目235番 目的　　通行 範囲　　南側10メートル 平成〇年〇月〇日登記

(1) 地役権の特徴

このように，地役権が設定されると要役地は利用価値が増進し，逆に承役地は利用が制限されることになります。

また，地役権は要役地のためにあるわけですから，要役地から分離して譲渡したり他の権利の目的とすることはできません。

第6章 用益権に関する登記

　登記簿上では「権利者その他の事項」には，賃料や存続期間は登記する必要はありません。

(2) その他の地役権

　地役権の目的となるのはこの他に引水・冠水・眺望・日照権確保・送電線下用地の確保などがあります。

＜観望地役権（承役地）＞

【乙　区】	(所有権以外の権利に関する事項)			
【順位番号】	【登記の目的】	【受付年月日・受付番号】	【原　　因】	【権利者その他の事項】
1	地役権設定	平成○年○月○日 第601号	平成○年○月×日設定	目的　庭園観望 範囲　全部 特約　地役権は要役地と共に移転せず要役地の上の他の権利の目的とならない 要役地　熱海市○○町○番

＜観望地役権（要役地）＞

【乙　区】	(所有権以外の権利に関する事項)			
【順位番号】	【登記の目的】	【受付年月日・受付番号】	【原　　因】	【権利者その他の事項】
1	要役地地役権	余白	余白	承役地　熱海市○○町○番 目的　庭園観望 範囲　全部 平成○年○月○日登記

観望地役権

あの木がなければ良いながめになるのに…

第5節 採石権

採石権は他人の土地において岩石および砂利を採取する権利です。採石に関する契約は当事者間の設定契約のみならず、経済産業局長の決定により成立することもあります(採石法第12条ほか)。

採石権は期限の定めが最長20年と定められており、20年を超える契約は20年とされます。

【乙　区】	(所有権以外の権利に関する事項)				
【順位番号】	【登記の目的】	【受付年月日・受付番号】	【原　　因】	【権利者その他の事項】	
1	採石権設定	昭和○年○月○日 第1133号	昭和○年○月×日設定	存続期間　20年 内容　花崗岩採取 採石料　1㎡当たり年○円 支払期　毎年○月×日 採石権者　千葉県○郡 　　　　　×町○○番地 ○○石材株式会社	

第7章

担 保 権
（所有権以外の登記事項その2）

　債権の回収を円滑にするための手段としては担保権があり，「先取特権」「質権」「抵当権」「根抵当権」があります。このうち，抵当権・根抵当権は日常よく耳にしますが，その他については馴染みが少ないと思いますので，これらを先に説明しましょう。

第1節　先取特権

　先取特権とは，特定の債権を保護する目的で認められた，法定の特殊の債権を有する者が債務者の財産から優先弁済を受けることのできる法定担保物権です。

(1)　一般の先取特権・特別の先取特権

　先取特権には次の2種類があります。
　①　一般の先取特権……債務者の総財産に及ぶもの。
　②　特別の先取特権……債務者の有する特定財産の上に発生する。

　一般の先取特権は不動産に登記がなされていなくても，無担保債権者や，登記していない第三者に対抗できますが，抵当権などの特別の担保権を登記している債権者には劣後します。一般の先取特権を登記する意味

83

は，特別の担保権に優先する地位を保全する意味合いがあるのです。

(2) 不動産の先取特権

特別の先取特権のうち，不動産の先取特権は3種類ありますがその効力が発生するのは登記の時期が適切でないとなりません。

	不動産保存の先取特権	不動産工事の先取特権	不動産売買の先取特権
債権の内容	不動産の修繕費や権利実現のための費用など	土地の埋立て・開墾費用，建物の新築，増改築など	売買代金および利息
登記の時期	保存行為の完了後ただちに	工事の開始前	売買契約の登記と同時
関　連　法	民法第337条	民法第338条	民法第340条

適切になされた先取特権は，すでになされた抵当権をも優先することになります。

＜一般の先取特権＞

【乙　区】　(所有権以外の権利に関する事項)				
【順位番号】	【登記の目的】	【受付年月日・受付番号】	【原　　因】	【権利者その他の事項】
1	一般の先取特権保存	平成○年○月○日受付第××号	平成○年○月から同年×月までの給料債権の先取特権発生	債権額　　×××円 債務者　港区青山○丁目 　　　　凸凹商事株式会社 先取特権者　狭山市○町 　　　　岡田　義男

＜不動産の先取特権＞

【乙　区】 (所有権以外の権利に関する事項)				
【順位番号】	【登記の目的】	【受付年月日・受付番号】	【原　　因】	【権利者その他の事項】
1	不動産の先取特権保存	平成○年○月○日受付第××号	平成○年○月×日修繕費の先取特権発生	債権額　×××円 債務者　北区浮間○丁目 　　　　△山　×雄 先取特権者　甲府市○町 　　　　××建設株式会社

第2節　質　権

　質権は，債権担保のために債務者または物上保証人から受け取った物を債権完済まで留保し，弁済されないときは目的物を換価して優先弁済を受けることのできる約定担保物権です(民法第342条)。

　質権の目的物は，譲渡することのできるものであればよく，動産のほか債権や不動産を目的としても成り立ちます。

(1)　「質権」と「抵当権」

　質権は動産を担保として取る場合は適していますが，不動産には適さないといわれています。それは抵当権が担保物権を債務者の手元に留めておき，使用収益させながら債務が弁済されないとき初めて，その交換価値から優先的に弁済を受けるのに対し，質権は使用収益権が債権者に移るので，工場の機械を目的物とした場合などでは債務者としては生産設備を取り上げられ，使用収益し債務の弁済に充てられないからです。

(2) 不動産質権

担保物権が不動産である場合，目的となるのは「土地」「建物」だけです。立木や工場財団・鉄道財団などは対象とはなりえません。

また，不動産質権は「質権設定契約」により成立し，目的物となる「土地」「建物」の引渡しにより効力が発生することとなります。

しかしながら，登記をしなければ第三者に対抗することはできません。

(3) 質権の記載事項

質権の登記に必ず記載されなければならないのが「債権額」と「債務者」で，任意的な記載事項には次のようなものがあります。

① 利息，違約金・賠償額の定め

質権者には，目的物を使用・収益する権利があることから，利息を請求することはできませんが，これと異なる契約をして利息を登記することもできます。また，質権は元本・利息・違約金・質物保存費用・債務の不履行・質物の隠れたる瑕疵によって生じた損害の賠償まで担保されることから，違約金の定めも登記することができます。

② 存続期間

存続期間は10年を超えることはできず，10年を超える契約は10年に短縮されます。

③ その他の条件と特約

債権に付した条件，目的物の使用収益権と異なる特約，管理費用目的物の負担義務と異なる特約なども登記することができます。

＜質権設定の登記例＞

【乙　区】(所有権以外の権利に関する事項)				
【順位番号】	【登記の目的】	【受付年月日・受付番号】	【原　　因】	【権利者その他の事項】
1	質権設定	平成○年○月○日受付第××号	平成○年○月×日金銭消費貸借同日設定	債権額　金×××円 存続期間　平成○年1月1日から10年 利息　年8％ 特約　質権者は質物を使用収益できない 債務者　○○市△町…番地 　　　　　　○山　×雄 質権者　○×市×町…番地 　　　　株式会社　××産業

第3節　抵　当　権

(1) 抵当権の概要

　抵当権は質権と同様，当事者間の約定で生ずる担保物権です。民法第369条では債務者または第三者(物上保証人)が債務の担保として提供した物の占有を移さずに，そのまま債務者に使用収益をさせながら，債務の履行がないときにそのものの交換価値から優先的に弁済を受けることのできる約定担保物権であると規定しています。

　前節で説明した質権との違いは，物の占有を移さないで債務者が使用収益できる点が根本的に相違します。

　抵当権は個人の住宅ローンや企業の資金調達手段として幅広く活用され信用担保の重要な機能を果たしているといえます。

　抵当権は「抵当権」と「根抵当権」(次の節参照)がありますが，抵当権を「普通抵当権」ということがあります。それでは，「根抵当権」とどこが違

うかというと,「抵当権」は特定した一個の債権を担保する権利（先ほどの住宅ローンのように一回限りのようなケース）であるのに対し,「根抵当権」は複数の債権を一定の枠（極度額）で担保する権利をいいます。例えば製造業では工場を新設する資金は「抵当権」で調達し，決算資金や運転資金は「根抵当権」（極度額5億円）等のように使い分けることがあります。つまり設備資金はそう何度も調達する必要はありませんし，本来収益によって返済していかなければならない資金ですが，決算資金は決算ごとに発生し，運転資金は毎月または毎日発生するからです。

(2) 抵当権の目的物

　さて，自分が持っている債権の回収をより確実にしようとして，債務者に**不動産担保の提供**を依頼したとき「先祖代々の土地や建物にキズがつくのはいやだから，このダイヤ入りの指輪じゃだめかね」という回答が返ってきたとします。もうおわかりのとおり，指輪は動産ですから「不動産担保」にはなりません。

　そこで，抵当権の目的物となるのは何かということになりますが，抵当権の目的物は不動産と地上権・永小作権です。

　抵当権は占有を条件としないわけですから，登記簿への表象（登記により権利の存在や変動を公示）することになっています。

　登記できない動産には抵当権が設定できないのです。しかしながら工場の機械設備などの動産については，特別法で工場財団・農業動産という形で抵当権が設定されることにより資金調達の道が開かれています。

　共有持分や地上権の準共有持分についての設定は可能ですが，所有権の一部や持分の一部には設定することはできません。

(3) 被担保債権

被担保債権（抵当権によって担保される債権）は金銭債権に限らず，物の引渡債権でもかまいません。

債権発生の時期は，現在成立している債権のほか条件付債権，期限付債権など将来発生する債権（例えば保証人の求償債権）でもよいとされています。

(4) 同順位の抵当権

山田産業がＡ銀行とＢ銀行の双方から100百万円の機械購入のために融資を受けるとき，山田産業の不動産に対し，どのような担保の設定をしたらよいかが問題になります。

例えば，1番Ａ銀行抵当権50百万円，2番Ｂ銀行抵当権50百万円と設定するとＢ銀行は後順位となり，不満が出てきます。このような「共同融資」の場合は，Ａ銀行とＢ銀行が共同して債権者になり相手方（債務者）は山田産業1社という契約を結ぶことによって抵当権者は債権の融資額に応じ配当を受けることができます。

もう一つの方法はＡ銀行とＢ銀行とで融資条件が異なる場合などに，Ａ銀行とＢ銀行が山田産業と個別の契約を結ぶというものです（協調融資）。この場合も登記順位に「優先」「劣後」の関係が生じると困るので順位を同じにするために「同順位」の抵当権の設定を行うことになります。

同順位の抵当権の設定は同一の受付番号により明確化されていて，二個の抵当権の設定を区別するために「(あ) 抵当権」「(い) 抵当権」と符号をつけて識別できるようになっています。

＜同順位で二個の抵当権が設定されている場合＞

【乙　区】（所有権以外の権利に関する事項）				
【順位番号】	【登記の目的】	【受付年月日・受付番号】	【原　　因】	【権利者その他の事項】
1	(あ)抵当権設定	昭和○年○月○日　第3425号	平成○年○月×日金銭消費貸借同日設定	債権額　5千万円 利　息　年4.8% 損害額　年12% 債務者　○市×町…… 　　　　山田産業株式会社 抵当権者　千代田区… 　　　　株式会社　A銀行
1	(い)抵当権設定	昭和○年○月○日　第3425号	平成○年○月×日金銭消費貸借同日設定	債権額　5千万円 利　息　年4.5% 損害額　年12% 債務者　○市×町…… 　　　　山田産業株式会社 抵当権者　中央区… 　　　　株式会社　B銀行

(5)　登記記載事項

①　債権額の記載方法

　　金銭債権を担保する場合は金○○千万円と記載するほか，非金銭債権を担保する場合は「債権額　石油○○ガロン　価格金○×千万円」のようにその債権の申請時の価格を記載します。外国通貨の場合は「債権額　米価2百万ドル　担保限度額　金3億円」となります。この場合の3億円はドルの換算レートと無関係に当事者間で決定することができます。

②　債　務　者

　　債務者の住所・氏名（本店・商号）。被担保債権が連帯債務のときは「連帯債務者」と表示されます。

(6) 共同抵当権

　同一の債権の担保として数個の不動産に設定された抵当権を「共同抵当権」といいます。例えば住宅ローンの場合，土地と建物に同時に抵当権をつけることになります。このように当初から共同抵当権を設定する場合を「純粋共同抵当権」といい，一つの不動産に抵当権を設定後，同一の債権担保に他の不動産の抵当権を設定する場合を「追加共同抵当権」といいます。土地について担保を設定し，建物が完成したときに建物を担保に追加提供する場合や，既存の担保価値が下がってしまい，別の不動産を担保として提供する場合などがこれにあたります。

　登記簿上は担保物権が二つ以上になったので，「共同担保目録」が必要になります。

<連帯債務者で共同抵当権を設定した場合>

【乙　区】（所有権以外の権利に関する事項）				
【順位番号】	【登記の目的】	【受付年月日・受付番号】	【原　　因】	【権利者その他の事項】
1	抵当権設定	昭和○年○月○日受付第2151号	昭和○年○月×日金銭消費貸借同日設定	債権額　金２千万円 利　息　年3.5% 遅延損害金　年13% 連帯債務者　○市‥‥ 　　　　　　中村　太郎 連帯債務者　○市‥‥ 　　　　　　中村　花子 抵当権者　　○市‥‥ 　　　　　　○○信用組合 共同担保　目録(あ)第４号

＊連帯債務者

＊担保が複数ある　　　＊この番号は同じ

<共同担保目録の例示>

共　同　担　保　目　録				
記号及び番号	(あ)第４号		調製	平成○年○月○日
番号	担保の目的たる権利の表示	順位番号	予　　備	
1	○市○町１丁目231番の土地	1	余白	
2	○市○町１丁目232番の土地	1	余白	
3	○市○町１丁目231番　家屋番号231番の建物	1	余白	

(7)　抵当権の変更と更正

①　変更……債権額の減額・増額

　抵当権は特定の一個の債権を担保する権利ですから，債権額が変更になるというのは考えにくいのですが，減額・増額ということがありま

す。減額となるケースは債権の一部弁済・免除・準共有債権者の1人の債権（可分債権の場合）の放棄などがあります。また，契約により減額することもあります。増額のケースは，増額の変更契約・利息の元本への組入れ等があります。増額の場合は後順位者に大変迷惑がかかりますので，登記には「承諾書」が必要となります。

② その他の抵当権の変更

　イ　共有持分上の抵当権の効力を不動産全部に及ぼす場合
　　一つのマンションを兄弟3人で共有していたが，1人が残り2人分の持分を買い取った場合，2人分の持分に対する登記は新たな抵当権の設定ではなく「変更」でなされます。
　ロ　債権者が共有持分のうち1人を除いた他の債権を放棄した場合
　ハ　債務引受の場合
　ニ　相続が発生した場合
　ホ　「更改」の場合
　　更改とは債務の要素を当事者同士の契約によって変更し，旧債務を消滅させるとともに新債権を成立させるものですが，特約によって旧債務の担保権を消滅させずに新債務に移行させるものです。

③ 更　　正

抵当権設定について錯誤や遺漏があった場合は「更正」の登記が必要となります。

(8)　抵当権の処分

「抵当権の処分」には「転抵当」「抵当権の譲渡・放棄」「抵当権の順位の譲渡・放棄」があります。

① 「転抵当」

転抵当とは抵当権を他の債権の担保とすることをいいます（民法第375

条第1項)。例えばA氏がB氏に5百万円の融資をして、B氏所有の土地100m^{2}に担保を設定しているとします。A氏がC氏から新たに10百万円の借入れを起こす際、この担保としてB氏の土地につけた5百万円の抵当権をC氏のために設定するというものです。

登記上ではA氏を原抵当権者(転抵当権設定者)、B氏を原抵当権設定者、C氏を転抵当権者(債権者)と呼びます。

実務的にあまり利用されていないのは、B氏が破綻すると、A氏はB氏からの回収が、C氏はA氏からの回収が覚束ないのと、A氏が転抵当を行うときに登記は必要ですが、B氏や保証人への通知または承諾に関しては必要とはされていますが絶対的要件ではないため、不安定であるからだといわれています。

② 抵当権の順位変更

抵当権の順位の変更とは、複数の抵当権者間で、その順位を入れ替えて、設定登記の順位によらず、変更後の順位に従って弁済順位が決定するというものです。

順位変更は、順位の譲渡・放棄と異なり、その旨の登記をしなければ効力を発揮せず、利害関係人の承諾も効力の発効要件となります。

登記には、各抵当権登記名義人全員が申請人となり、合同申請することになります。

ここでいう「利害関係人」とは、順位変更により順位の下がる者のことをいいます。上位順位者は不利益を被ることがないので、承諾を得る必要はありません。

③ 抵当権の移転と抹消

抵当権の被担保債権が譲渡・代位弁済・転付命令・相続などによって移転したときは、抵当権も債権を取得した者に移転します。

抵当権の抹消理由には、債務の全額完済・代位弁済・目的不動産の滅

失・収用等があります。

　債務者にとっては，完済した抵当権をそのままにしておいても実害はないのですが，実務的には，完済と同時に抵当権を抹消しておくことが，将来のためには（不動産売却の際手間がかかる）よいでしょう。

第4節　根抵当権

(1)　根抵当権の概要

　根抵当権とは一定の範囲に属する不特定の債権を極度額の限度において担保する抵当権です（民法第398条の2ほか）。

　つまり，根抵当権設定時に被担保債権が存在するか否かを問わないが根抵当権を実行する際は，債権が存在していなければならず，担保されるべき債権の額は「元本確定」手続を経て，弁済を受ける金額が確定するのです（「元本の確定」については後述）。

　「極度額」とは「枠」や「箱」と考えるとわかりやすいと思います。根抵当権であれば，一つの箱の中でいろいろな取引が行えるということで，金融取引や商取引では大変便利な制度ということができます。

(2)　登記事項

　絶対的登記事項は「極度額」と「債権の範囲」です。

①　極度額

　根抵当権が設定されると元本・利息，その他の定期金および債務の不履行により生じた損害賠償の全額が，その極度内で担保されます。したがって，利息・損害金は極度内においては無制限に担保されますが，極度額を超えた部分は担保されません。

　民法第374条では「抵当権」の優先弁済の範囲について「抵当権者が

利息其他の定期金（ある期間定期的に受け取る地代・家賃・小作料など）を請求する権利を有するときは其満期となりたる**最後の2年分**についてのみ其抵当権を行うことを得」と規定しています。

根抵当権はこの条文の適用外となり極度内であればすべてが担保されることになるのです。

このような理由から抵当権では利息・損害金の定めが登記されていますが，根抵当権では実益がないので登記することができません。

② 債権の範囲

債務者との特定の継続的な取引契約から生じた債権については「平成○○年○月○日当座貸越契約」「平成××年×月×日石油製品供給契約」などのように，その契約の締結日とその名称が記載されます。

担保される債権と担保されない債権を明確にするために登記できる取引と登記できない取引があります。

＜登記できる取引＞
「当座貸越取引」「銀行取引」「売買取引」「商品供給取引」「請負取引」「保証委託取引」など
＜登記できない取引＞
「商品取引」「委託販売取引」「保証債務取引」「商社取引」「委託加工取引」「小切手貸付取引」など

③ 任意記載事項

「確定期日の定め」をするか否かは当事者間の自由であり，設定契約後に別途定めてもよいとされており，5年以内の特定な日（○○年ではなく年月日）とされています。

根抵当権の確定期日の定めとは根抵当権の担保する債権を一定の時間

的範囲によって限定するものであり，元本確定前であれば当事者間の合意により，その期日を延長または短縮することができます。

(3) 共同根抵当権

担保する債権の範囲や債権者が同一である場合や，数個の不動産について根抵当権を設定した場合には，この登記と同時に「共同担保」として登記しなければなりません。このため，共同根抵当権を設定する場合は債権者と債務者の間で共同担保とする旨の約定を交わすことになります。

この「共同担保」の登記がない場合は，「累積式根抵当権」といい，それぞれの不動産に独立の担保権がつけられていることになるのです。

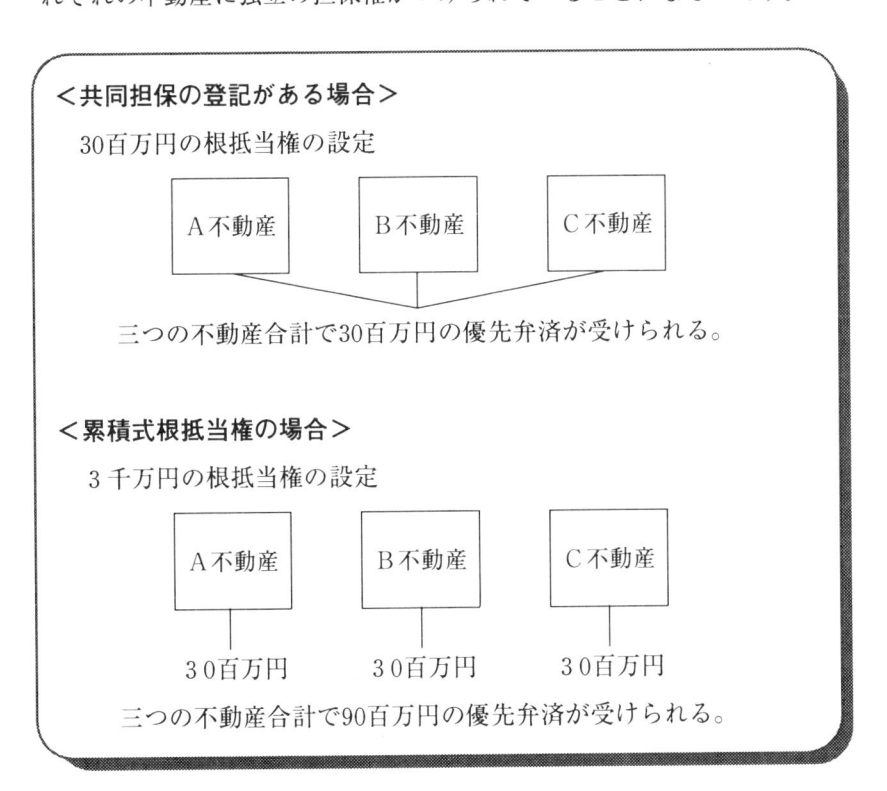

```
＜共同担保の登記がある場合＞
 30百万円の根抵当権の設定
   ┌─────┐  ┌─────┐  ┌─────┐
   │ A不動産 │  │ B不動産 │  │ C不動産 │
   └─────┘  └─────┘  └─────┘
  三つの不動産合計で30百万円の優先弁済が受けられる。

＜累積式根抵当権の場合＞
 ３千万円の根抵当権の設定
   ┌─────┐  ┌─────┐  ┌─────┐
   │ A不動産 │  │ B不動産 │  │ C不動産 │
   └─────┘  └─────┘  └─────┘
     30百万円   30百万円    30百万円
  三つの不動産合計で90百万円の優先弁済が受けられる。
```

追加担保

上のケースの場合，当初からＡＢ両不動産に根抵当権を設定する特約があり，まずＡ不動産のみに根抵当権を設定する場合は，単独の根抵当権として設定し，その後Ｂ不動産について登記申請する場合には共同担保目録が必要となります。さらにＣ不動産を追加する場合は，新たな特約を結ぶことと，共同担保目録が必要となります。

(4) 抵当権の変更と更正

① 極度額の変更

変更契約による極度額の変更（例えば，極度額2億円を3億円にする）は後順位の担保権者などの承諾が必要です。変更時期は元本確定の前後を問いません。

元本が確定したときは，債務者（根抵当権設定者）は債権者に対し根抵当権の減額請求ができます。これには債権者の同意は要さず，意思表示の到達と同時に極度額は現に存在する債権の額とその時点から2年分の利息および定期金と損害賠償金の合計額に確定します。つまり通常の抵当権と同じことになるのです。

② 債権の範囲の変更

元本確定前に限り債権の範囲を変更することができます。債権の範囲の変更は後順位者ほか利害関係人に何ら影響がないことから，承諾は必要ありません。債権の範囲の「全部の変更」「一部変更」「縮小」などのケースがあります。

③ 債務者・確定日付の変更

これらは元本確定前に限り変更できます。また承諾も必要ありません。

④ 順位の変更

順位の変更は元本確定の前後は問わず，その手続は普通抵当権とまったく同じです。

(5) 根抵当権の譲渡

譲渡には全部譲渡・一部譲渡・分割譲渡があります。

① 全部譲渡

全部譲渡とは第三者である譲受人との契約により，その元本確定前に根抵当権と被担保債権を切り離して根抵当権自体を絶対的に譲渡することをいいます。すなわち，根抵当権を設定している目的物の担保価値を第三者に移転することになりますので，譲渡人の債権は担保されなくなります。この場合，譲渡人である根抵当権者と譲受人との合意と債務者（根抵当権設定者）の承諾が必要となります。

② 一部譲渡

一部譲渡とは根抵当権の共有状態を作り出すもので，元本確定前にのみ可能です。根抵当権の一部譲渡があると譲受人は譲渡人とともに根抵当権を共有し，ともに根抵当権者としての利益を受けることができます。全部譲渡と同様，譲渡人である根抵当権者と譲受人との合意と債務者（根抵当権設定者）の承諾が必要となります。

③ 分割譲渡

分割譲渡とは一個の根抵当権を二個の根抵当権に分割して，その一つを第三者に全部譲渡するものです。これにより譲渡人はもはや譲渡した部分に対し何の権利もないことになります。これに対し，譲受人は譲り受けた極度内で譲渡人と同一順位の債権の担保ができるわけです。

④ 一部譲渡と分割譲渡の差異

一部譲渡と分割譲渡を図で簡単に説明すると次のようになります。

<一部譲渡>

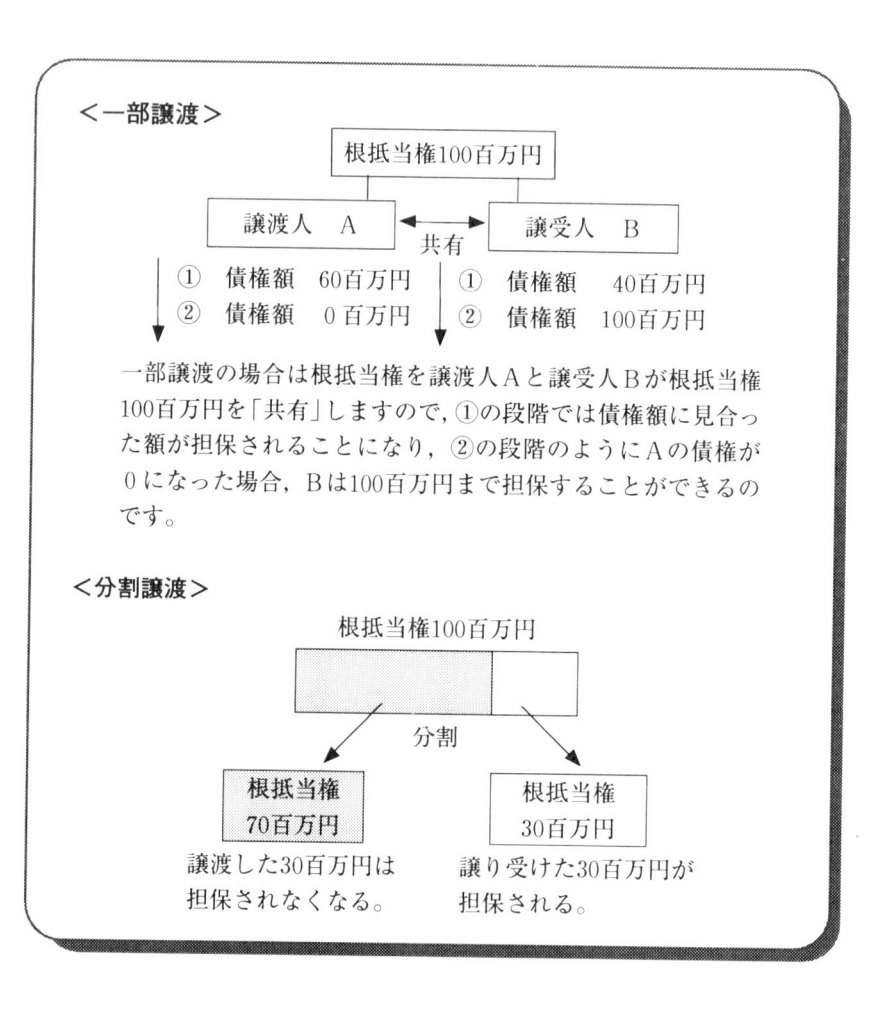

根抵当権100百万円
譲渡人　A　⇔　譲受人　B
　　　　　共有
① 債権額　60百万円　　① 債権額　40百万円
② 債権額　 0百万円　　② 債権額　100百万円

一部譲渡の場合は根抵当権を譲渡人Aと譲受人Bが根抵当権100百万円を「共有」しますので，①の段階では債権額に見合った額が担保されることになり，②の段階のようにAの債権が0になった場合，Bは100百万円まで担保することができるのです。

<分割譲渡>

根抵当権100百万円
↓分割↓
根抵当権70百万円　　　根抵当権30百万円
譲渡した30百万円は　　譲り受けた30百万円が
担保されなくなる。　　担保される。

(6) 相続の場合の合意の登記

　根抵当権の元本確定前に根抵当権者に相続が発生すると，相続人はすでに発生している債権を引き継ぐことになります。
　しかしながら相続発生後に発生した債権についてはこのままでは担保されません。この債権を担保するためには，相続による根抵当権移転登記を

したうえで，相続人と根抵当権設定者との間でその旨の合意が必要となります。

この手続を6ヶ月以内にしないと相続開始のときに遡って元本が確定したものとみなされ，相続開始以降発生した債権は担保されないことになります。

(7) 元本の確定

元本の確定とは根抵当権設定者（債務者）が根抵当権者（債権者）に対し，元本の確定を請求することです。根抵当権は現実の債権額にかかわらず目的不動産に対し強力な支配権を有することから，債務者が差押えや債権がゼロになるまでの長期にわたり，経済的な支配を続けさせるのは行き過ぎであり，抵当権設定者の権利を著しく拘束することになるので次の事由が発生した場合は，元本確定請求ができるものとされています（民法第398条の6ほか）。

① 確定期日の到来
② 相続開始後6ヶ月以内に合意の登記をしなかった場合
③ 根抵当権者または債務者の合併に際し根抵当権者が確定請求権を行使した場合
④ 確定期日の定めのない根抵当権について，設定後3年を経過した場合に根抵当権設定者が確定請求権を行使した場合
⑤ 担保すべき債権がなくなった場合
⑥ 取引の終了
⑦ 根抵当権者の競売・差押の申立て
⑧ 目的不動産への滞納処分による差押えがあった場合
⑨ 根抵当権設定者または債務者が破産の宣告を受けた場合

第8章

こんなときどうする？

　第8章では今までの知識を踏まえ，実際の取引の場面や権利関係が難解な場面を想定していろいろな疑問に答えたいと思います。

第1節　登記済権利証を紛失した

　旧法では不動産の移転登記の申請に際しては，添付書類として「権利に関する登記済証」（権利証）を提出しなければなりませんでした。

　しかしながら，取引の際にこの権利証がない場合があります。原因は焼失・紛失・盗難などが考えられますが，このような場合「保証書」という制度がありました。

(1)「保証書制度」とは

　旧法では「登記を受けたる成年者二人以上が登記義務者の人違いなきことを保証したる書面二通を添附することを要す」と定められていて，日本のどこかで不動産の登記をしている人2人が登記義務者(本件の場合は権利証を紛失した人)が人違いでないことを証明すればよかったのです。

　具体的には以下のような書類を作成し保証人2名が記名捺印し印鑑証明と共に法務局に申し出ます（必ずしも出頭しなくても，郵送でも可能です）。

　この場合，2人が紛失した権利証の所在と同じ管轄の法務局で登記をしていれば，2人ともそれぞれの謄本は添付する必要はありませんが，別の管轄地域の法務局の場合は謄本の添付が必要となります。

　蛇足ですが平成5年の改正法前は同じ法務局で登記した人以外は保証人になれませんでした。

第8章 こんなときどうする？

(2) 確認書

　法務局では，確認のため保証人に対し郵便で「確認書」を発送し，確認が取れればこれが紛失した「権利証」の代わりとなります。

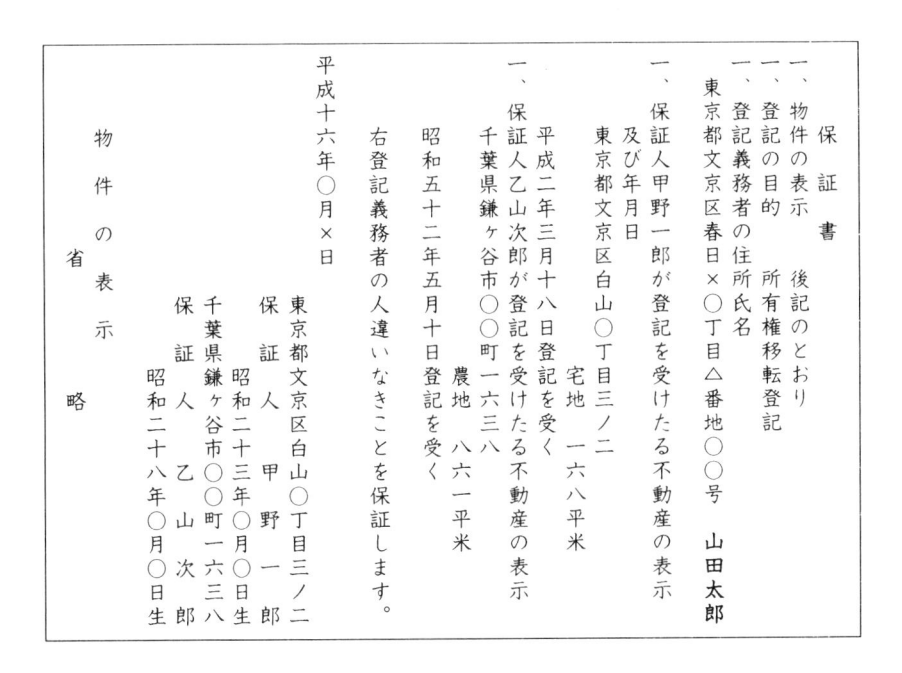

```
保　証　書

一、物件の表示
　　後記のとおり
一、登記の目的
　　所有権移転登記
一、登記義務者の住所氏名
　　東京都文京区春日×
　　○丁目△番地○○号　　山田太郎

一、保証人甲野一郎が登記を受けたる不動産の表示
　　東京都文京区白山○丁目三ノ二
　　宅地　　一六八平米

一、保証人乙山次郎が登記を受けたる不動産の表示
　　千葉県鎌ヶ谷市○○町一六三八
　　農地　　八六一平米

一、保証人甲野一郎が登記を受く
　　及び年月日
　　平成二年三月十八日登記を受く
　　保証人乙山次郎が登記を受く
　　昭和五十二年五月十日登記を受く

　右登記義務者の人違いなきことを保証します。

平成十六年○月×日

　物件の表示　省略

　　東京都文京区白山○丁目三ノ二
　　保証人　甲野一郎
　　　　　昭和二十三年○月○日生

　　千葉県鎌ヶ谷市○○町一六三八
　　保証人　乙山次郎
　　　　　昭和二十八年○月○日生
```

　「保証書」と「事前通知書」の見本を以下に掲示しておきます。

　この見本では，権利証をなくしたのは「山田太郎」で，保証人が「甲野一郎」と「乙山次郎」の２人です。

　「甲野」は同じ文京区で登記したことがあるので，謄本を添付する必要はありませんが，「乙山」は千葉県鎌ヶ谷市で登記を受けているために，謄本の添付が必要となります。

　この保証書に基づいて，法務局から保証人の下にはがきが郵送されます。

　これの見本は次をご覧ください。

105

(表　面)

郵　便　は　が　き

本日裏面記載のとおり登記の申請がありましたが,この申請に間違いがないかどうかお尋ねします。間違いがない場合には,回答欄に住所氏名を記載し,押印のうえ,○月×日までに当庁に到着するようこの通知書を返送又は持参してください。(不動産登記法第44条ノ2第1項(同項の準用規定を含む))

平成　　年　　月　　日
　　　東京都文京区××（〒○○○―△△△△）
　　　○○法務局××出張所
　　　　　登記官　　　　　　　　　　職印
　　　　　通知第　　　号

第8章 こんなときどうする？

(裏　面)

不動産の表示	
受付番号	
登記の目的	
登記原因	
申　請　人	
回答欄	この登記申請に間違いがない。 住所 　　氏名　　　　　　　　　＊印＊

＊（注意）
1．登記の申請書又は委任状に押した印を押してください。
2．このはがきを郵送で返送する場合のあて先には，当庁の所在と庁名のみを記載（登記官の氏名は記載しない。）してください。

(3) 新法ではどうなるのか

　前述の保証書の制度は不正な登記事案にしばしば利用されるなど問題点が多くかねてから指摘されていました。こうしたことから保証書の制度がなくなり，権利書や登記識別情報がない場合の本人確認は次の3つの方法により行います。

① 本人限定受け取り郵便を用いた事前通知制度
　申請人本人だけが受け取れる通知書を，郵便局で受け取り，法務局に申請が事実であることを届け出ることにより本人確認を行う。

107

② 公証人による本人確認
　申請人が身分証明書を持参の上，公証人役場に出頭し乙申請書類と本人の認証を受ける。
③ 司法書士か土地家屋調査士による本人確認
　登記申請を依頼する資格代理人に認証を受ける。
　このうち③の方法では事前通知が不要であることから，最も利便性に優れているといえるでしょう。

第2節　「借地借家権」とは何か

　新聞の折り込み広告の中に「定期借地権付住宅」とか「テイシャク」などという言葉が出てきます。また，担保物件を調査すると，建物所有者と土地所有者が異なる「借地権付建物」などが出てきます。

　通常，「土地建物」といえば双方とも，本人名義であるわけですが，不動産の中には，「借地」のケースが多いもので，借地契約の継続についての係争が絶えないのが現実です。

　この節では，これらの用語のもつ意味を整理したいと思います。

(1)　借地借家法

　借地借家法は平成3年10月4日に公布，平成4年8月1日から施行となりました。現行法を新法といい，新法施行前のものを旧法と呼びます。
　また，平成11年12月15日「良質な賃貸住宅等の供給の促進に関する特別措置法」が公布され，「定期借家制度」が導入されました。
　新法と旧法ではさまざまな相違点がありますが，その前に借地権・借家権について触れておきましょう。

(2) 借地権の種類

建物の所有を目的とした地上権または土地の賃借権を借地権といいます。

新法施行前の借地権は，新法施行後も効力は変わりませんが，新法では定期借地権が新設されました。

したがって，借地権は現在次の五つがあるわけです。

① 旧法による借地権
② 通常の借地権
③ 定期借地権
④ 自己借地権
⑤ 期限付建物賃借権

(3) 新しい借地権の内容

では次に新法による借地権の内容について旧法と比較しながら見てみましょう。

① 旧法による借地権

新法では改正前借地法（旧法）による借地権は新法施行後もその効力は妨げられないとしているので，旧借地法がそのまま生きることになります。では新法と旧法の違いを見てみましょう。

借地・借家法の改正の主な項目

項　　目	旧　　法	新　　法
借地権の存続期間	一律30年 （当事者の合意で30年以上なら可能）	堅固な建物 （当事者間の契約で30年以上なら可能） 非堅固な建物 （当事者間の契約により20年以上なら可能）
建物再建築による期間延長	意義を述べない場合 堅固な建物　　30年 非堅固な建物　20年	地主の承諾がある場合　20年 （建替えの通知をして2ヶ月以内に意義がない場合も同）
更新後の期間	堅固な建物　　30年 非堅固な建物　20年	最初の更新は20年，その後の更新は10年
更新拒絶の「正当な事由」	貸し主が自ら土地建物を使用することを必要とする場合他その他正当な事由があること	次の各項を考慮して決定する ①当事者が土地建物の利用を必要とする事情 ②従前の経過 ③土地建物の利用状況 ④（貸家の場合）建物の現況 ⑤立退き料などの申し出内容
建物老朽化による借地権の消滅	期間終了前に建物が老朽化し倒壊すれば借地権は消滅	廃止
地代・家賃の増減額の紛争解決の方法	協議が整わないときは，訴訟で解決	原則として訴訟の前に調停を申し立てる（調停前置主義……注）

（注）　調停前置主義……借地契約で定めた地代や土地の賃借の額，借家契約で定めた建物のの賃貸の額（マンションの部屋代）の増減について争いがあり，民事訴訟を起こす場合にはまず調停手続を経なければならないという制度。もし双方が調停の手続を経ずして訴訟提起した場合，裁判所が調停に付すことになります。

② **通常の借地権**

　旧法の借地権では「堅固な建物」と「非堅固な建物（木造）」とに区分

されていましたが，新法では堅固・非堅固の区別がなくなり存続期間が一律30年以上となりました。

また，契約期限が来て更新する場合，最初は20年以上，2回目は10年以上あることが必要です。

これを図にしますと次のようになります。

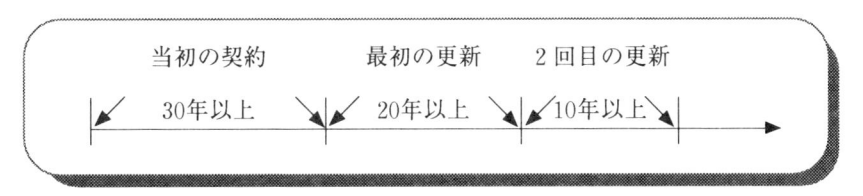

```
        当初の契約      最初の更新     2回目の更新
       ←  30年以上 →←  20年以上 →←  10年以上 →
```

<通常の借地権（借地権が賃借権の場合）の例示>

【乙　区】	（所有権以外の権利に関する事項）			
【順位番号】	【登記の目的】	【受付年月日・受付番号】	【原　　因】	【権利者その他の事項】
1	賃借権設定	平成○年○月○日受付　第××号	平成○年○月○日設定	目的　建物所有 借賃　1月12,600円 支払期　毎月月末 特約　譲渡・転貸ができる 存続期間　30年 賃借権者　○市○町×番 　　　　　中村　正

③　定期借地権

定期借地権とは契約の存続期間を50年以上とする借地権で，

　イ　存続期間の延長がない

　ロ　建物の築造による存続期間の延長がない

　ハ　たとえ建物に使用価値が残っていても土地所有者（賃貸人）に建物の買取り請求をしない

という特徴を持っている借地権です。

したがって，期間が満了すると，借地人は建物を取り壊し，原状復帰（元の更地の状態）する義務があります。

この定期借地権の内容は公正証書等の書面をもって特約することが条件となりますから，通常の借地権か定期借地権かはこの契約書があるかないかを見れば判明するのです。

また，契約の条文にも，「借地借家法第22条の特約」と記載されますので契約書を確認することによりわかります。

この定期借地権施行の背景には「先祖伝来の土地を手放したくない」「毎年上昇する固定資産税の負担を軽減するために土地活用が不可欠」といった土地所有者のニーズと「事業はしたいが土地そのものに投資しては採算が取れない」「土地を取得し事業をして失敗したときの転売益が将来期待できない」「一戸建て住宅を土地所有権で購入しようとすれば価格は高いし，とても狭い土地になってしまう」といった借主側の事情があるものと推測されます。

借地借家法第22条の特約とは，前述のイ・ロ・ハの項目のことです。

＜一般定期借地権（借地権が賃借権の場合）の例示＞

【乙　区】	（所有権以外の権利に関する事項）			
【順位番号】	【登記の目的】	【受付年月日・受付番号】	【原　　因】	【権利者その他の事項】
1	賃借権設定	平成〇年〇月〇日受付第××号	平成〇年〇月〇日設定	目的　建物所有 借賃　1月120,000円 支払期　毎月月末 存続期間　50年 特約　譲渡・転貸ができる 　　　借地借家法第22条の特約 賃借権者　〇市〇町×番 　　　　　山田商事株式会社

定期借地権には存続期間50年以下の定期借地権もあります。

＜建物譲渡特約付借地権＞

借地権設定から30年以上経過した日に，借地上の建物を土地所有者に譲渡することをあらかじめ定めたもの。

具体的には，賃貸マンション・賃貸ビル・個人向け一戸建て住宅等が考えられます。

＜事業用借地権＞

もっぱら事業の用に供する建物の所有を目的として，存続期間を10年以上20年以下とするもの。

例えば郊外型の量販店やレストラン・都市部のコンビニエンスストア等での利用がこれにあたります。

＜臨時・一時使用＞

臨時設備の設置その他一時使用のために契約したことが明らかな借地権。

住宅展示場や中古車販売店の展示場などに利用されています。

＜事業用借地権（借地権が賃借権の場合）の例示＞

【乙　区】	（所有権以外の権利に関する事項）			
【順位番号】	【登記の目的】	【受付年月日・受付番号】	【原　因】	【権利者その他の事項】
1	賃借権設定	平成○年○月○日受付 第××号	平成○年○月○日設定	目的　借地借家法第24条の建物所有 借賃　1月24,600円 支払期　毎月月末 存続期間　20年 賃借権者　○市○町×番 　　　有限会社　岡野商店

④ 自己借地権

民法では土地所有者が自らを権利者とする借地権は「混同の原則」に反するとして、設定することができませんでした。

つまり自分の土地にビルを建てた場合、そのビルは「借地上の建物」とすることができなかったのです。

そこで新法では、土地所有者が借地権を準共有する場合に限り自己借地権の設定を認めました。

下の図で、ABCの3人が土地を所有していたとき、一人ひとりがビルを建てたのでは形も悪いし効率もよくないということで、「ABC共同ビル」を建築するとします。3人の土地を合わせるとほぼ正方形になり、ビルの敷地としてこれに借地権を設定する場合がこのケースです。つまり3人は「土地の貸し主」であると同時に「土地の借り主」にもなるのです（これを「混同」といいます）。

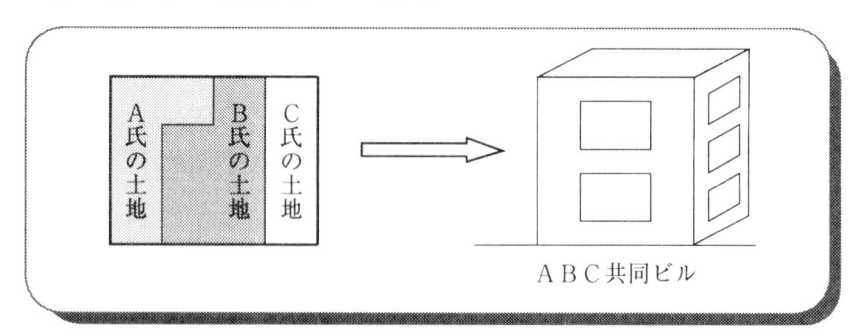

⑤ 期限付建物賃貸借

「良質な賃貸住宅等の供給の促進に関する特別措置法」（以下「特別措置法」と略）では、借地借家法の第38条を中心に改正を行い「定期借家制度」を定めました。

従来は、賃貸期間1年未満の契約は「期間の定めのない契約」となり、解約の申し出は「6ヶ月前の予告」と「正当な事由」が必要でした。

また、期限の更新がないと特約しても、「賃貸人に不利」として原則無効とされてきました。

例えば、大家さんがアパートを建て替えたくても正当な事由がなければ住人に立ち退きを要求できなかったわけです。

しかしながら、特別措置法では賃貸人があらかじめ契約により「契約の更新がないこと」「期間の満了によりその建物の賃貸借は満了する」ことについて「書面を交付して」かつ、公正証書等による書面で契約することにより、確定的に期限が満了するものとしました。したがって、1年未満の契約も、20年以上の契約も可能となりました。

⑥ その他の借地権

イ 賃貸人の不在期間の建物賃借権

建物の所有者が、転勤・療養・介護などのやむを得ない事情により、一定期間自己使用が困難でその期間経過後は再度自己使用に供することが明らかな場合に建物を賃貸借するときは、契約の更新がないとする旨の特約をすることができます。

ロ 取壊し予定の建物の賃貸借

一定の期間経過後に法令または契約により建物の取壊しが明らかである場合、存続期間の定めとは別に建物取壊し時に賃貸借が満了するという特約をすることが可能になりました。

第3節 「仮登記」とは何か

謄本を見ていると「仮登記」という言葉が出てくることがあります。この「仮登記」とはいったい何のことなのでしょうか？

仮登記とは一言でいえば、「本登記に必要な形式的要件や実質的な要件が完備していない場合、将来本登記をした場合の順位を確保するために、

あらかじめする登記」ということになります。

つまり，後日，本登記することによって，**あらかじめなされた仮登記は仮登記した日にさかのぼって効力が発生する**のです。

例えば，ある土地にA氏の所有権保存の本登記があり，その後ろにB氏の所有権移転の仮登記があり，さらにその後ろにC氏の所有権移転の本登記があったとします。

B氏が後で**登記要件が完備したので，本登記**をすると，C氏はB氏の仮登記が本登記になったことにより，**この土地に対する権利を主張することができなくなる**のです。

たかが「仮登記」などといってはいられないのです。

では，仮登記が行われるのはどんな場合か見てみましょう。

(1) 一号仮登記

登記申請に必要な手続上の条件が具備していないとき。

この一号仮登記の内容は次のとおりです。

① 登記義務者（例えば元の地主）が登記申請に協力しないとき，所轄の地方裁判所に対し「仮登記仮処分命令」の申請を行い，登記申請者が単独で仮登記をする場合。

　　土地を買ったが売主がなかなか権利証を渡してくれないケースなどです。

② 登記義務者の権利に関する登記済証の提出ができない場合。

　　土地の売買の当日，売主が権利証を忘れてきてしまい買主にとって取引がその日に成立しないと不都合がある場合や「売買予約に基づく仮登記」等です。

③ 第三者の許可が必要な場合，その許可証が提出できない場合。

　　農業委員会に農地転用許可申請を提出しているが，農業委員会の許

可がまだ下りないケースなどです。

したがって印鑑証明書や住民票が添付できないなどという場合はこれには該当しません。

(2) 二号仮登記

登記すべき不動産の権利の設定，移転，変更または消滅の請求権を保全すべきとき。例えば，売買代金の一部を支払っており，残金支払いまで売主が所有権移転を留保しているような場合(買主としては第三者に売却されては困るようなケース)です。

この二号仮登記については，請求権がある程度具体化していなければ認められません。

(3) 登記簿上どうなるのか

仮登記がなされると登記用紙上にどのように表示されるかというと，仮登記の左(電算化されている場合は下)に余白が設けられます。

この余白欄は将来本登記がなされたときのためにあらかじめ用意してあるのです。こうして本登記がなされると順位の保全が登記簿上一目でわかるようになっているのです。

以下の謄本の例示①と③にもあるように，山田さんの土地に対し甲区・乙区に仮登記が登記されています。しかし山田さんは，仮登記がついた後でも売買契約も抵当権設定契約もできます。

しかしながら，仮登記が本登記されると①では吉岡さんの所有権移転登記は無効となり抹消されます。③では有限会社△工業は抹消されませんが仮登記をした岡田氏の後順位となります。

このように，仮登記とは「本登記」がなされる可能性がありますので，十分注意を払うことが必要です。

＜①仮登記がなされた謄本の例示（所有権移転の仮登記）＞

【甲　区】	（所有権に関する事項）			
【順位番号】	【登記の目的】	【受付年月日・受付番号】	【原　　因】	【権利者その他の事項】
1	所有権保存	平成○年○月○日 第123号	平成○年○月○日売買	所有者　港区××１丁目 　　○○番地　山田　太郎 順位１番の登記を移記
2	所有権移転仮登記	平成13年６月８日 第345号	平成13年６月１日売買	権利者　横浜市港北区 　　○○町２丁目１番地 　　株式会社　○不動産
	将来の本登記のために用意されている余白部分			
3	所有権移転	平成13年７月28日 第366号	平成13年７月８日売買	所有者　品川区○○２丁目 　　××番地 　　　　吉岡　忠

＜②仮登記がなされた謄本の例示（所有権移転請求権の仮登記）＞

【甲　区】	（所有権に関する事項）			
【順位番号】	【登記の目的】	【受付年月日・受付番号】	【原　　因】	【権利者その他の事項】
1	所有権保存	平成○年○月○日 第123号	平成○年○月○日売買	所有者　品川区××２丁目 　　○○番地　有限会社甲野 順位１番の登記を移記
2	所有権移転請求権仮登記	平成13年６月８日 第245号	平成13年６月○日代物弁済予約	権利者　横浜市緑区 　　○○町４丁目16番地 　　株式会社　吉田商会
	将来の本登記のために用意されている余白部分			

<③抵当権設定の仮登記の例示＞

【乙　区】（所有権以外の権利に関する事項）				
【順位番号】	【登記の目的】	【受付年月日・受付番号】	【原　　因】	【権利者その他の事項】
1	抵当権設定仮登記	平成4年3月5日受付第××号	平成4年3月○日金銭消費貸借同日設定	債権額　×××円 債務者　港区青山○丁目 　　　　××番　山田　太郎 権利者　○市○町 　　　　岡田　義男
2	抵当権設定	平成5年4月28日受付第×○号	平成5年4月3日債権譲渡	債権額　○○○円 債務者　港区青山○丁目 　　　　××番　山田　太郎 抵当権者　川崎市○○区 　　　　有限会社△工業

第4節　「仮差押え」とは何か

カリサシがつけられた，**カリサシ**がついているなど，謄本に「仮差押」がついている場合，このようにいいます。

不動産に対する仮差押えとは債権者が債務者に対し有する債権（金銭債権または金銭債権に換えられる請求権など）の執行を保全するため，債務者の不動産を 仮に差し押さえる ことをいいます。

例えば債権者Aが債務者Bに対し1千万円の金銭債権を有していて，Bが返済に応じない場合，AはBの保有する土地に対し「仮差押え」をすることができます。

この場合Bがその土地を勝手に処分してしまうとAは債権の回収を図れなくなってしまいますが，このことがわかっていても**判決を得るまでには**

相当の時間がかかるため判決を得るまで、あらかじめ債務者の財産を仮に差し押さえて財産の隠匿や散逸を未然に防止し、判決を得た段階で本差押えをしようというものです。

民事執行法上は「仮差押え」と「仮処分」とを認めています。

(1) 仮差押え

債権者が裁判所に対し仮差押えの申請を行うと「口頭弁論」を行わず、証明資料によって債権の存在が明らかで、かつ仮差押えをしなければ債権者の将来の満足が得られないと判断したとき「仮差押え命令」が出されます。

このとき債権者は一定額の保証金を積まなければなりません。「口頭弁論を行わない」ということは、**債務者側の言い分は聞かない**ということです。主張すべきは裁判でということになります。

(2) 仮差押えの意義

不動産に対し仮差押えが登記されると、以降にされる不動産の処分等は全部無効となります。

したがって、**仮差押えのついた不動産については、取引事情についての入念な調査が必要**とされます。

＜仮差押登記がなされた謄本の例示＞

【甲　区】（所有権に関する事項）				
【順位番号】	【登記の目的】	【受付年月日・受付番号】	【原　　因】	【権利者その他の事項】
1	所有権移転	平成○年○月○日 第234号	平成○年○月○日売買	所有者　横浜市○区××1丁目○○番地 　　　　山田　一郎 順位1番の登記を移記
2	仮差押え	平成16年6月8日 第445号	平成13年6月4日横浜地方裁判所仮差押え命令	債権者　川崎市○○区○町2丁目1番地 　　株式会社　○商事

　取引事情についての入念な調査が必要と書いたのは，この謄本だけではこの土地に関して何が起こったのかわからないのです。所有者の山田一郎さんと株式会社○商事に何かあったことだけはわかります。

　仮差押えをするにあたっては，裁判所から仮差押えをする場所の特定とその理由についての訴状の写しが郵送されますので，この場合は山田一郎さんに聞けばわかります。

第5節 「予告登記」とは何か

　新法では予告登記は濫用の実態がある等の理由から 廃止 されました。現在なされている予告登記については順次，登記官が職権により抹消します。しかしながら，当面は登記上存在するわけですので，知識として記述しておきます。

　予告登記とは登記原因の無効・取消による登記の抹消の訴え，回復の訴えが提起された場合に，この不動産にかかわろうとする第三者に対し"**訴訟が提起されている不動産**"であることとの警告を与え，取引の安全を図ろうとするものです。

　この登記は**裁判所書記官の嘱託**でなされ，当事者の申請によることはできません。もちろん，警告ですから対抗力は有せず，その不動産の処分についての制限もありません。

＜予告押登記がなされた謄本の例示＞

【甲　区】 （所有権に関する事項）				
【順位番号】	【登記の目的】	【受付年月日・受付番号】	【原　因】	【権利者その他の事項】
1	所有権移転	平成○年○月○日 第234号	平成○年○月○日売買	所有者　横浜市○区××1丁目○○番地 　　　　山田　一郎 順位1番の登記を移記
2	1番所有権抹消 予告登記	平成15年9月5日 第1320号	平成15年9月4日東京地方裁判所へ訴提起	権利者　横浜市○○区 　　　　○町2丁目1番地 　　　　○山　×雄

第6節 「仮換地」とは何か

　地図を見ていると「○○地区区画整理事業」とか「保留地」という言葉が出てきます。また，「換地処分・仮換地」などという言葉もよく耳にします。

　この節ではこれらの言葉の整理とその効果について見てみることにします。

(1) 土地区画整理法とは何か

　「土地区画整理事業に関し，その施行者，施行方法，費用の負担等必要な事項を規定することにより，健全な市街地の造成を図り，もって公共の福祉の増進に資することを目的としたものである(第1条)」と規定されています。

　これはどういうことかといえば，例えば不整形な街並を整然とした「碁盤の目の街並」にして交通の便をよくしたり，公園や公共施設を計画的に設置しようとするものです。

(2) 土地区画整理事業とは何か

　土地区画整理事業とは，都市計画区域内の土地について，公共施設の整備改善および宅地の利用促進を図るために行われる土地の区画形質変更および公共施設（道路・公園・広場・河川など）の新設また変更に関する事業をいいます（第2条）。

　それでは土地区画整理事業の手法とその流れについて見てみましょう。

① 施行区域

施行前の土地の形状……不整形な町並み

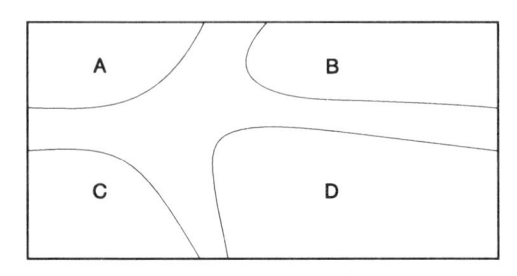

② 減　　歩（げんぶ）

ＡＢＣＤからそれぞれの土地の一定割合を提供してもらうこと。減歩によって生じた土地は，道路や公園などの公共施設用地に充てるほか，事業費捻出のための「保留地」とすることもできます。

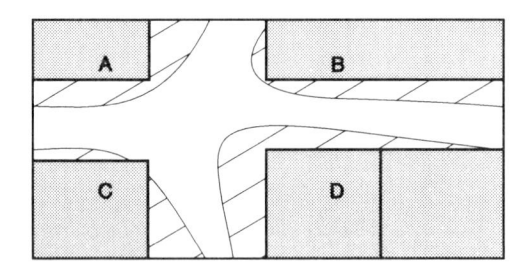

③ 換地処分後

工事が完了するとＡＢＣＤの各所有者はそれぞれの土地（これを「換地」という）を割り当てられることになります。

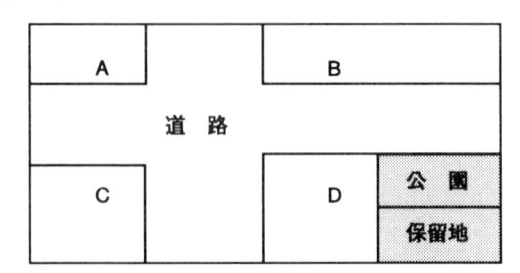

通常，減歩後の土地の価格は上昇し，土地の所有者にとって損はないのですが，減歩後に土地の総価額が減少した場合には，「減価補償金」が交付されます（第109条）。

以上が土地区画整理事業の簡単なあらましですが，次に区画整理事業の流れについてみてみましょう。

(3) 区画整理事業の流れ

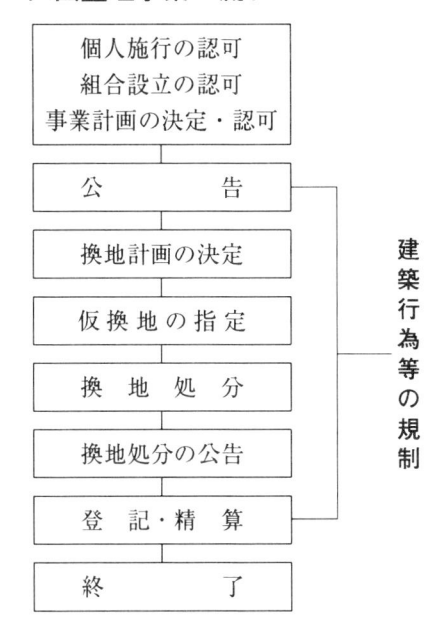

```
┌──────────────────┐
│  個人施行の認可    │
│  組合設立の認可    │
│  事業計画の決定・認可 │
└──────────────────┘
         ↓
┌──────────────────┐
│     公    告     │──┐
└──────────────────┘  │
         ↓            │
┌──────────────────┐  │
│   換地計画の決定   │  │
└──────────────────┘  │  建
         ↓            │  築
┌──────────────────┐  │  行
│   仮換地の指定    │  │  為
└──────────────────┘  │  等
         ↓            │  の
┌──────────────────┐  │  規
│   換 地 処 分     │  │  制
└──────────────────┘  │
         ↓            │
┌──────────────────┐  │
│   換地処分の公告   │  │
└──────────────────┘  │
         ↓            │
┌──────────────────┐  │
│   登 記・精 算    │──┘
└──────────────────┘
         ↓
┌──────────────────┐
│     終    了     │
└──────────────────┘
```

① 施行者……土地区画整理事業を施行する者

　イ　個人施行者

　　　土地の所有権者・借地権者は1人または数人で都道府県知事の認可を得て施行することができます。

　ロ　土地区画整理組合

　　　土地の所有権者・借地権者は土地区画整理組合を設立して施行す

ることができます。この場合も都道府県知事の認可が必要となります。この場合，施行区域内の土地の所有権者・借地権者はすべて組合員となります。また，未登記の借地権等がある場合は申告と届出をしなければ，借地権は存在しないものとみなされます(第19・25条)。

　この他の申告が必要な権利としては地役権，永小作権，先取特権，質権，使用貸借権等があります。

　ハ　公的施行者
　　　都道府県・市町村
　　　国土交通大臣・独立行政法人都市再生機構・地方住宅供給公社等

② **換地計画**

　施行者は施行地区内の土地について換地処分を行うため，換地計画を定めます。この内容は，

　イ　換地設計
　ロ　各筆換地明細
　ハ　各筆各権利別精算金明細
　ニ　保留地その他特別の定めをする土地の明細等

「精算金」とは，換地処分により好条件の換地を受ける者とこの逆な者の不均衡を金銭により是正するものです。

「保留地」とは換地として定めない土地で主として施行者が施行費用に充てる土地のことをいいます。

③ **仮換地**（かりかんち）

　土地区画整理事業が行われる施行地区の権利関係は，換地処分により確定することになりますが，換地処分の公告があるまでは換地での建物建築や権利変動は原則的には起こらないのです。

　しかしながら，換地の工事は一気に完了するわけではなく，また工事により土地を使用収益できなくなる者も出てきます。このような場合，

第8章 こんなときどうする？

換地処分前に使用収益だけできる土地として指定される土地が「仮換地」なのです。

仮換地が指定されると,

　イ　従前の土地の所有者(次の図の甲さん)——もともとその土地を使用収益できる者——は仮換地指定の効力の発生する日から換地処分の公告のある日まで,従前の土地を使用収益できなくなる代わりに,換地を使用収益することができるようになります。

　ロ　仮換地の所有者(図の乙さん)は仮換地の指定の効力発生日(使用収益開始日を別に定めた場合はその日)から換地処分の公告がある日まで,仮換地を使用収益できなくなります。

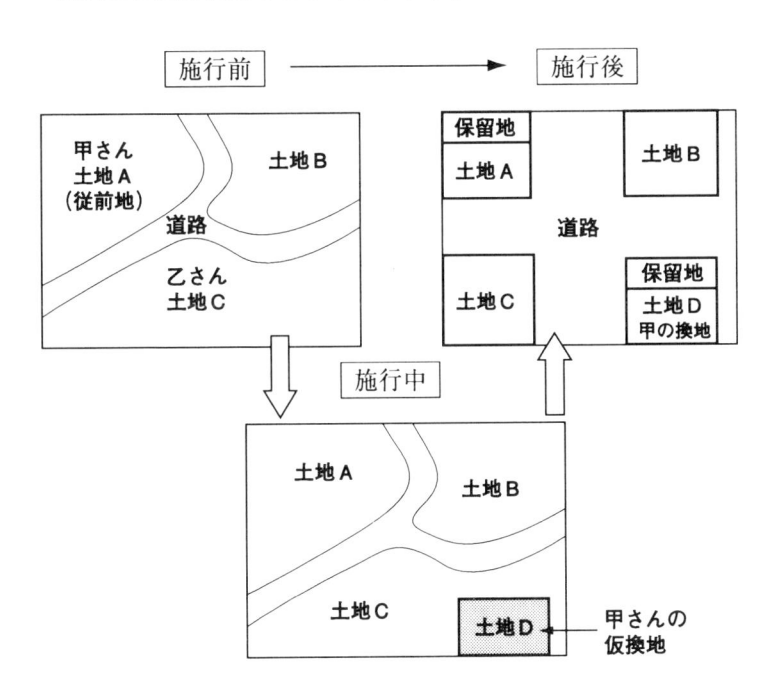

つまり,仮換地指定の効力が発生してからは土地A所有者甲さんは,

127

イ　土地Aを売却することが可能だが仮換地（土地D）は売却できません。
　ロ　土地Aに抵当権を設定することが可能だが仮換地（土地D）に抵当権を設定することはできません。
　ハ　仮換地（土地D）に建物を建築することが可能（ただし，建築行為等の制限により，都道府県知事または国土交通大臣の許可が必要）
となります。
　一方，土地C所有者乙さんは，
　イ　土地Dを売却することが可能。
　ロ　土地Dに抵当権を設定することが可能。
となります。

（4）　換地処分の効果

　換地処分が公告されると次のような効果があらわれますが，公告のあった日と公告のあった翌日で次のように分かれます。

　これを整理すると次のようになります。

換地処分の公告のあった日の終了時に消滅するもの	換地処分の公告のあった翌日に発生または確定するもの
①　仮換地の指定の効力は消滅する	①　換地は従前の宅地とみなされ従前の土地上にあった権利（地役権は除く）は換地上に存在することになる
②　換地を定めなかった従前の土地の権利（地役権は除く）は消滅する	②　精算金が確定する
③　行使をする利益を失っている地役権は消滅する	③　施行者が保留地を取得する
	④　事業の施行により設置された公共施設は，原則としてその所在する市町村の管理に属する

追補　不動産登記法の改正について

　不動産登記法は明示32年に制定されましたが，制定以来105年ぶりに平成16年6月で成立し，平成17年3月7日に施行されました。
　今回の改正の主要な項目をみてみましょう。
1．オンラインによる登記申請が可能となりました
　　従来は書面により登記の申請をしたわけですが，高度情報社会にふさわしい制度にするために，インターネットによる登記申請を可能としました。
　　現在全ての法務局でオンライン申請が可能かというとそうではなく，順次体制が整えられることになります。したがって，当面は次の3種類の法務局が並存し，その機能も異なります。

		ブック庁	コンピューター庁	オンライン指定庁	
		書面申請	書面申請	書面申請	オンライン申請
共同申請		◯	◯	◯	◯
登記原因証明情報		◯	◯	◯	◯
登記済証		◯ 新しい登記済証が発行される	◯ 新しい登記済証が発行される	最初の申請のみ◯ その後は登記識別情報による	× 登記識別情報による
登記識別情報		×	×	次回より◯	次回より◯
添付書類	紙	◯	◯	◯	×
	電子	×	×	◯	◯

ブック庁　　　　コンピューター化されていない従来の法務局
　　　コンピューター庁　登記関係書類が電子化されている法務局
　　　オンライン指定庁　書類が電子化されておりオンラインによる登記申
　　　　　　　　　　　　請が可能な法務局

　オンライン指定庁においては初回の申請時には今までと同じように，権利書が必要ですが，2回目以降は登記識別情報（後述）を利用することにより法務局の窓口に出頭することなく，申請が可能となります。

　つまり，わざわざ法務局に出向かなくても，パソコンから登記申請をすることができるようになりました（出頭主義の廃止）。

2．権利書がなくなります

　新法により登記申請ががなされると当該登記により登記名義人となる申請人に，その登記に係る物件及び登記の内容と共に，登記所から「登記識別情報」が通知されます。

　この情報は12桁の符号で現在ある権利書に代わるものとして機能することになります。

　　　　　登記識別情報のイメージ
　　　　　|1|7|4|-|A|2|3|-|C|B|X|-|5|3|G|

　今までは，権利書というモノがあったわけですが，今後はこうした数字により，本人確認や真の所有者であることを確認することになります。

　したがって，登記識別情報は他人に知らせたり，亡失したりしないよう，大切に保管しておく必要があります。

3．登記官による本人確認制度

　インターネットにより登記申請ができるようになり，利便性は確実に向上しますが，出頭主義（…法務局に出向いて登記申請する）が廃止されたことにより，登記申請が本人以外から申請していると疑いに足る相当の理由がある場合は，登記官は登記の正確性確保のため，出頭を求め事情を聞いたり，本人であることの証明書等の提示を求めることができます。

4．登記申請は郵送でも可能です

　出頭主義が廃止されたことにより，書留郵便による登記申請が可能となりました。ここで心配になるのは，複数の登記申請が郵送であった場合は，受付番号の新しい申請が優先されるという原則は保たれるかというものです。この場合同日に受付されたものには受付番号は同一の番号となります。これにより登記手続上同順位であることが明らかになるわけです。

5．保証書の廃止

　第8章「こんなときどうするの？」第1節「登記済権利証を紛失した」で従来の保証書制度について述べましたので，ここを参考にして下さい。

　新法では，権利証紛失に伴う保証書が提出できない場合，「事前通知制度」と「司法書士等の資格者代理人による本人確認情報の提供制度」が新たに導入されました。

(1)　事前通知制度

　新法のもとでは，登記申請する場合権利書や登記識別情報の提供が必要ですが，何らかの事情によりこれらが提供できない場合の措置として売買のケースでは登記義務者に対して郵送で「登記申請があったこと」の通知が行われます。通知を受けとった不動産登記名義人がこれに対し

実印で押印して通知された登記の申請が真実であることを登記所に申し出でた時に初めて登記が実行されることになります。この通知は本人限定受け取り郵便によってなされ、これにより本人確認が行われます。

　事前通知制度により本人確認がされた後、登記が行われます。

　「事前通知書」は次をご覧下さい。

(2)　「資格者代理人」による本人確認制度

　保証書制度が廃止されたことにより、原則として前述の事前通知制度によることになりますが、この事前通知制度を省略できるものとして「資格者代理人による本人確認制度」が創設されました。

　資格者代理人とは弁護士、司法書士及び土地家屋調査士です。
これらの資格者が代理人となった場合、登記義務者に直接面談等を行うことによって得られた本人確認情報を、登記官が相当と認めた場合、事前通知を省略して登記を実行することができます。

　上記の資格代理人のほか、公証人が申請人の署名捺印を登記義務者本人がしたことを認証し、これが登記官に認められた場合も事前通知制度を省略することができます。

参考文献

小川勝久　著　『不動産登記法のみちしるべ』　日本評論社

竹原茂雄・岩澤　勇　他著　『不動産登記の法律知識』　自由国民社

枇杷田泰助　監修　『不動産登記法入門』　民事法情報センター

岩澤　勇　著　『不動産登記の基礎知識』　自由国民社

青山　修　著　『不動産登記簿の読み方がわかる本』　かんき出版

樋口正登　著　『不動産登記のＡＢＣ』　東京リーガルマインド

有馬厚彦　著　『詳論　不動産表示登記　総論』　金融財政事情研究会

法務省民事局　編　『不動産登記記載例集』　テイハン

山本芳治　著　『新不動産登記法等と金融実務』　ビジネス教育出版社

平成16年12月 1 日　初版発行	やさしい
平成19年 5 月15日　第 2 版発行	不動産登記簿の取り方・読み方
	〔第 2 版〕

著者との契約により検印省略

編　者	不動産実務研究会
発行者	大　坪　嘉　春
整版所	松澤印刷株式会社
印刷所	税経印刷株式会社
製本所	株式会社　三森製本所

発行所　郵便番号　東京都新宿区　　　株式会社　税務経理協会
　　　　161-0033　下落合 2 - 5 - 13
　　　　振替　00190 - 2 - 187408　　　電話　(03) 3953 - 3301（編集部）
　　　　FAX (03) 3565 - 3391　　　　　　　　(03) 3953 - 3325（営業部）
　　　　URL　http://www.zeikei.co.jp/
　　　　乱丁・落丁の場合はお取替えいたします。

Ⓒ　不動産実務研究会　2007　　　　　　　Printed in Japan

本書の内容の一部又は全部を無断で複写複製（コピー）することは，法律で認められた場合を除き，編者及び出版社の権利侵害となりますので，コピーの必要がある場合は，予め当社あて許諾を求めて下さい。

ISBN978 - 4 - 419 - 04918 - 8　C2034